此书献给热爱设计专业的同学们

普通高等教育"十一五"国家级规划教材
高等艺术设计课程改革实验丛书

唐鼎华 著

中国建筑工业出版社

感受与语言
基础造型2
（第二版）

Experience and Language

图书在版编目（CIP）数据

感受与语言　基础造型 2/唐鼎华著. —2版. —北京：中国建筑工业出版社，2009
普通高等教育"十一五"国家级规划教材. 高等艺术设计课程改革实验丛书
ISBN 978-7-112-10690-5

Ⅰ. 感… Ⅱ. 唐… Ⅲ. 造型设计—高等学校—教学参考资料 Ⅳ. J06

中国版本图书馆CIP数据核字（2009）第028606号

　　本书为素描教材，因书中内容强调感受与语言而取其为名。书中由四讲、十二个课题组成基础造型第二单元的教学内容（第一单元的教材名为《观察与思考》着重观察训练），第一讲通过讲解素描中较深层的问题，进一步梳理头脑中的造型观。其他三讲仍以观察为切入点，通过深入观察、体验，感受生活中物象变化所形成的意味，然后挖掘、研究那些意味的形成因素并化为造型要素，再融合到造型训练之中。本书用记录课堂教学的形式来营造气氛，由此来贴近学生。书中通过举例、经验提示，由浅入深引导学生向造型的高层次探索。书中还有供教师参考的教学计划、练习题，给学生学习、参考的训练方法、图片资料和优秀学生作业。

责任编辑：陈小力　李东禧
责任设计：崔兰萍
责任校对：刘　钰　梁珊珊

普通高等教育"十一五"国家级规划教材
高 等 艺 术 设 计 课 程 改 革 实 验 丛 书
感受与语言　基础造型2
Experience and Language
（第二版）
唐鼎华　著
*
中国建筑工业出版社出版、发行（北京西郊百万庄）
各地新华书店、建筑书店经销
北京三月天地科技有限公司制版
北京凌奇印刷有限责任公司印刷
*
开本：889×1194 毫米　1/20　印张：7　字数：210千字
2009年5月第二版　2009年5月第二次印刷
定价：**29.00**元
ISBN 978-7-112-10690-5
　　　　（17624）
版权所有　翻印必究
如有印装质量问题，可寄本社退换
（邮政编码100037）

代 序

近几年来，我国艺术设计的教材出版迈入了一个前所未有的"高产期"，引发了业界不少担忧。笔者认为，这是我国艺术设计教育近30年来发展的一个必然趋势，是艺术设计教学改革不断向成熟期发展和转变的一个特殊阶段。

艺术设计教育与许多理工学科教育有很大的差异性，这主要源于艺术设计专业知识、能力结构的交叉性与整合性，以及艺术设计认知规律的感性化、个性化等特征，这些体现在教材编写和使用上自然呈现出多元性和选择性的特点。当然，在这个特殊时期，我们一方面要大力支持一线教师勇于探索、不断创新的实践活动和教学成果的教材转化，鼓励他们编写和出版更多具有示范性的教材；另一方面要克服"急功近利"心态和"大而全"的面子工程给教材建设带来的不良影响，齐心协力，推动我国艺术设计教育朝着更加健康、成熟的方向发展。

5年前，《高等艺术设计课程改革实验丛书》推出期间，中国艺术设计教育改革正处在从宏观层面向纵深领域发展的阶段，丛书的出版对时下课程改革的实践和教材编写产生了积极的影响。此批丛书既有新增图书，也有在过去已发行的丛书中挑选出关注度较高、反映较好的经过修改和充实再版推出的几册，但愿能同5年前推出的那样得到大家的认可。

在这批新版丛书推出的过程中，我为中国建筑工业出版社多年来对艺术设计教育的大力支持而感慨，为编辑们的敬业精神而感动，真诚地感谢他们对艺术设计教育事业所作出的贡献。

江南大学设计学院 教授 叶苹

2008年8月于青山湾

前 言

  素描有几个概念：一是一种艺术样式；二是一种学习造型艺术的基础训练方式；三是造型艺术学科、艺术设计学科的一门课程。

  作为素描教材应该是素描课的一个有机的部分，它用书的形式把课程的目的、要求、进程及相关素描的基本内容、作业题目、参考图片融会在一起为素描课服务。一本教材的内容反映了教学、教育的理念，本书从培养设计人才的角度出发，强调观察、思考的深度、广度，注重观察、思考、表现为一体的训练。由此，打造观察能力、思维能力、造型能力胜人一等的设计人才从素描课开始。

  本书与《观察与思考》是姐妹篇，也可以说是素描的两个部分。《观察与思考》的目的是梳理学生朦胧的造型观，注重观察能力的培养，为引导学生步入正轨打好基础。由三讲、十二个观察课题组成造型训练的内容。《感受与语言》仍然以观察为切入点，再用十二个观察课题引导同学进一步深入地对生活中各种现象、感觉展开分析，并联系造型的内容进行"组织处理"的研究。观察是造型的根本。笔下流露出来各种形象必然与平时的观察相连，生活中的形象是画面形象的母体，通过观察各种形象的千变万化并存入大脑。随着各方面的积累、修养的加深，再经过艺术的加工，走出大脑的形象会产生质的变化，成为生动的有美感的形象。

  本书用讲课的形式营造素描教学的书上课堂，在这种氛围里我们一起来研究造型问题。造型，造怎样的型？好的造型是怎样造出来的？好的标准是什么？对于初学者会有很多困惑，尤其是刚走出高考的学生，心已深陷考试的模式中，造型的目的、造型的标准都是考试的那一路。为此必须重新开始。造型艺术的目的是传达、是创造、是给人美感，而传达是最为重要的。通过设计，塑造出准确、生动、有趣的形象，成为能与他人交流情感的语言。本书就是以传达为重点，从观察到造型围绕语言做文章。具体从形象的"内容的组合"、"形式内容的组合"两个方向展开语言探索，素描成为形象思维的研究。

  为艺术设计服务的素描，注重形象语言的训练才能与设计接轨。用形象说话在当今生活中显得更为特出，但要说出生动、有趣、能吸引他人的话不容易。设计学科在素描课中强调造型与语言的关系，并在教学实践中去体会形象产生语言奥妙，去研究其形成的规律。一个一个单词地积累，一句又一句话语地摸索，逐步向会用形象说话的设计师迈进。

2008年春唐鼎华写

目 录

代序

前言

第一讲　把生活感受化为形象语言……………………………… 1

对话 …………………………………………………………………… 2

一、体验与感受 ………………………………………………………… 4

　　握手 …………………………………………………………… 6

　　兰堡的手 ……………………………………………………… 7

　　再说蚯蚓描、春蚕吐丝描、乱柴描 ………………………… 8

　　"五头怪人"与"飞出去的嘴巴" …………………………… 9

二、修养与感受 ………………………………………………………… 10

　　临摹与专业眼光 ……………………………………………… 10

三、眼睛的特殊性与感受 ……………………………………………… 16

　　观察与感觉 …………………………………………………… 17

四、教学计划 …………………………………………………………… 24

第二讲　把握物象的另一部分………………………………… 27

看到了什么 …………………………………………………………… 28

一、课题一：比例观察 ………………………………………………… 29

　　如同纽扣般大小的太阳 ……………………………………… 29

　　比例观察的方向 ……………………………………………… 30

　　比例观察练习 ………………………………………………… 33

二、课题二：空间观察 ………………………………………………… 36

　　乘电梯 ………………………………………………………… 36

　　空间观察的方向 ……………………………………………… 36

　　空间观察练习 ………………………………………………… 40

三、课题三：方向观察 …………………………………………… 44
  倒车请注意 ……………………………………………………… 44
  方向观察的方向 ………………………………………………… 44
  方向观察练习 …………………………………………………… 49

四、课题四：节奏观察 …………………………………………… 52
  看残荷还是听雨声 ……………………………………………… 52
  节奏观察的方向 ………………………………………………… 53
  节奏观察练习 …………………………………………………… 55

五、课题五：材质观察 …………………………………………… 59
  天珠 ……………………………………………………………… 59
  材质观察的方向 ………………………………………………… 60
  材质观察练习 …………………………………………………… 63

第三讲 把握形象语言中的对立统一 …………………… **67**

对立不斗争 ………………………………………………………… 68

一、课题六：虚实观察 …………………………………………… 68
  魔术师的化装术 ………………………………………………… 68
  虚实观察的方向 ………………………………………………… 69
  虚实观察练习 …………………………………………………… 76

二、课题七：紧松观察 …………………………………………… 79
  蝴蝶结 …………………………………………………………… 79
  紧松观察的方向 ………………………………………………… 79
  紧松观察练习 …………………………………………………… 85

三、课题八：动静观察 …………………………………………… 89
  夜晚的闹钟 ……………………………………………………… 89

动静观察的方向 ································· 89

　　动静观察练习 ································· 94

第四讲　形象语言中的组词组句 ································· 97
墨镜 ································· 98

一、课题九：抽象观察 ································· 98
　　X光照片 ································· 99

　　抽象观察的方向 ································· 99

　　抽象观察练习 ································· 102

二、课题十：人物可动观察 ································· 106
　　会动的耳朵不会"说话" ································· 106

　　人物可动观察的方向 ································· 107

　　人物可动观察练习 ································· 111

三、课题十一：拟人化观察 ································· 113
　　小狗变"囡囡" ································· 113

　　拟人化观察的方向 ································· 113

　　拟人化观察练习 ································· 116

四、课题十二："大形象"观察与事物的组合观察 ································· 120
　　深山藏古寺 ································· 120

　　"大形象"观察的方向 ································· 120

　　"大形象"观察练习 ································· 122

　　事物的组合观察方向 ································· 124

　　事物的组合观察练习 ································· 127

第一讲

↘ 把生活感受化为形象语言

对话

又一次和大家在一起上素描课,来研究造型问题,研究造型中的观察问题是一件非常高兴的事情。在先修课程"观察与思考"中我们打下了基础,现在我们还要继续深入地研究下去,仍然以"观察"为切入点,去把握生活与造型深处的奥妙,进一步提高造型能力,描绘出生动感人的形象。这就是素描课的目的,也是我们共同的任务。

我们的眼睛看着周围的生活,又看着画面中一个个的形象,怎样才能描绘出生动感人的形象呢?

这是我用"数年时间"画的一张图,它是我对造型问题的思考,也算是我对此问题的"答卷"。我借这幅画来引出一些话题,说得对不对,大家一起来讨论。

答题图

图中眼睛形状的外轮廓代表眼睛,扭动的方块代表映入眼睛的某一物,物象周围的大小黑点代表将会与物象发生关系的各种因素。另外,此图又代表用钢笔、用点线面的语言材料组成的画面。

图意之一:物象存在于会与四周各种因素发生关系的环境之中,它不是孤立的,而是一个能动的、立体的、由内到外的东西,它会发生各种变化。

问:看到过一棵树的各种变化吗?它有自身的生长、开花、结果和落叶;也有自然因素的风吹雨打、雪的覆盖、雾的遮挡等;还有人为因素的砍伐、割锯、烧成炭或披上红丝带成为"爱情树、许愿树"等的变化。

图意之二:当物象与某一因素发生关系时,物象又融入了某因素的内容,形象就变得丰满。

问:风能看见吗? 回答:能看见。

问:风是什么样的? 回答:……

一棵树的变化

我们看到的是被风吹动的东西和物象被各种风吹动后的表现,还有我们的肌肤对各种风的感受。也就是说其他物象的变化告诉我们:这是微风,那是狂风,春风来了,寒风到了……

图意之三：映入眼中的物象必然受人的生理因素、心理因素的影响。

问：还记得瞎子画铁轨的"游戏吗"？生活中看到向一点消失的铁轨，或向一边倾斜的摩天大厦时常会引起人们的一些疑问。如：火车会开出铁轨吗？大厦会倒下来吗？这就是人眼特殊的透视因素造成的困惑。

周昉的《簪花仕女》图中的肥姐胖妹是唐代人眼里的美女，毕加索的《亚威农少女》是毕加索眼中的美女。这些说明了人们眼中的美的标准是带着时代烙印的。另外，个人的修养、个性也会左右对对象的看法，笔下的形象自然就会朝着不同的方向发展。

图意之四：画画人必然会带着一副美术设计知识的有色眼镜去看对象，会看到物象的点线面、黑白灰、冷暖色调等。我做学生时听老师吴山明（国画家）说：要看到物象的"枯、湿、浓、淡"（专业眼光）。这句话当时对我的触动很大，自己也尝试着用专业的眼光来看待物象，逐渐养成了习惯（这是必须具备的素质）。

这幅像涂鸦一样的画，不解说就像是出了一个谜语，目的是激发同学们去思考，提醒同学们要学会联系地看，去感受一种立体的丰富的生活，去看别人"看

簪花仕女　周昉

被风吹动的物体

盲人画铁轨

亚威农少女　毕加索

不到"的东西，看别人熟视无睹的东西。学会看、动脑、表现交替或同步进行，去研究造型中的奥妙，描绘出生动感人的形象。由此，将进入十二个观察课题来展开研究与训练。

一、体验与感受

人的感受来源于感觉系统，能捕捉事物变化信息是人的自身生理和心理的由里到外、由外到里的体验。人的感觉器官有：眼、鼻、嘴、耳、手、肌肤等，它们有各自感受的方向。

1. 眼睛是通过观察事物的形象变化来感受对象丰富的内容。

2. 手是通过手指、手掌触摸对象来感受对象的形体、质感和对象的温度、重量、力量等内容。

用线示意杯中饮料的感受

3. 嘴是通过牙、舌来感受甜、酸、苦、辣，还有软和硬。

4. 耳朵是通过聆听各种不同的声音去感受种种内容。

5. 鼻子是通过嗅觉来感受各种气味带来的各种内容。

6. 生理上，人的肌肤、心肺、肠胃、肩胛、腿脚等受外部事物和人体内部事物的影响，会感受到冷暖、轻重、痛痒、舒畅、难受、有精神、有力量或懒散无力，等等。

7. 人的心理与社会与自然的接触会感受到孤独、幸福、高兴、仇恨、恐惧等。

以上感受一部分从眼中获取，是可视形象；另一部分虽是无形的东西，但都与有形的物象相联系。高兴会通过脸部表情和全身的姿态来传达，悦耳的鸟鸣可通过鸟的动态来联想；物象的质感大都会从其外表反映出来，成为形象语言的基础。

示意多思考

生活中无数的信息向感觉系统发射，需要我们来辨别。人是善于用比较的方法来识别变化中的不同，去感受各种信息的。但如此反反复复又造成了人的麻木,有时常会凭经验去作错误判断。天生的"单一看"、"局部看"等习惯还会左右自己的眼睛,阻碍了深入地去感受。为此要提醒自己,"比较"是我们感受中不可丢弃的法宝。通过比较去区别同类物象变化的不同细微之处,区别异类物象变化的特征,然后去感受不同变化的内容。

"联系地看"、"联想地看"是我们感受中的另一个法宝,通过它们,在感受过程中会获取更丰富的内容。所谓"联系"就是我们不仅仅与对象发生关系——观察、体验,还要与对象周围的因素发生关系——观察、体验。我们自身的感觉系统也要相联系、相配合地去感受对象丰富的内容。还要展开"联想",借助自己的经验来推断,把看到的内容向外拓展。我们生活中的每一天都在接触各种人、事、物的变化。作为一个未来的设计艺术家在"联系地看"、"联想地看"的过程中会自然把感受与形象语言及造型知识联系在一起,我们不仅去感受还要用形象语言把感受表现出来。形象语言是由各种形式材料和内容材料按照某种样式组成,它不同于生活,又来源于生活。如何把生活中的感受转换成形象语言需寻找一条通道,这也是我们观察训练中必须联系的内容。

通过背景的笔触变化来传达感受

通过树形象的变化示意感受

通过线的变化传达感受

通过肌理的变化传达感受

通过线的变化传达感受

笔者与陈丹青合影　2003年摄

陈丹青速写　1976年画

学生在感受握手的感觉

握手

问：握过手吗？

握手是生活中普通的礼节，每个人都与他人握过手。握手一般表示友好，通过握手时间的长短、握手的力度来传达友好的程度。与你握手的有不同性别、不同年龄、不同职位、不同岗位、不同性格的人。种种不同的人加上不同的心态，握手的感受就会不同。2003年我与画家陈丹青见面，手紧紧地握在了一起，他是我学画时期崇拜的画家。1976年有幸和他在南京一起搞绘画创作，记得有一天我不小心摔伤了手上了石膏，他幽默地说"今天有石膏画了"，于是他为我画了张"绑石膏的唐鼎华"速写。时隔27年他来无锡讲座，在我眼中他没变，还是背着那只黄军用包；在他眼中我也没变（只是长出许多胡子）。从他有力的握手中，我感受到了人与人、人与时间、情感与感慨等难以言表的东西，他在那张27年前的速写上写下了"七六年画鼎华弟，二〇〇三年无锡重逢，丹青补记"。

握手是个友好动作的形象，20个字的补记仅是一个简单的文字记录，我们用眼睛都能看到，而深层次的情感色彩是在形象和文字的背后，如何用形象语言来把它展示出来呢？

兰堡的手

德国的设计家冈特·兰堡在高级研修班布置过这样的作业：一张画上画十几个手的轮廓，然后在每个"手中"运用各种不同形象的点线画在其中，表现出手的各种感受。这是由各种点线形象刺激眼睛，引起的人的心理反应，这种练习非常有意思，也很有价值。不同的线有粗细、长短、快慢及不同的组织，不同的形状有几何形、有机形、不规则形及形状不同的组织，不同的色彩有不同的冷暖色调、颜色的纯度、明度及色彩的组织。它们会与某些生活感受不谋而合。这些形式材料及材料的组织会产生感觉，我们会有各种不同的感受，原因何在？在第一单元中已作了初步研究，现在我们还要进一步研究下去。

尝试用不同的线表现手，然后感受手形象的感觉

学生通过握手后记录下的不同感觉的手

古人表现衣纹及人物的线条之一

古人表现衣纹及人物的线条之二

再说蚯蚓描、春蚕吐丝描、乱柴描

蚯蚓描、春蚕吐丝描、乱柴描是传统十八描中为衣服造型服务的三种线描样式。衣服穿在人的身上遮挡人体的大部分,是人物形象的重要内容。人与衣服是不可分割的整体,而人又穿着不同的衣服(不同的季节、不同的场合、不同的岗位、不同的阶层、不同的年龄等)。穿衣的人要做各种动作,衣服的形状就会变化,衣纹变化实质是人的变化,这些变化展示着人的意图、情感、身份、地位等,那些线描要肩负起表现它们的责任。

蚯蚓描的特征是线型肥粗,弯曲间隔相对均匀,中锋用笔提按平均如似蚯蚓扭曲爬行。春蚕吐丝描的特征是线型细长弧形转折,中锋用笔提按间隔长,速度缓慢如似春蚕吐丝。乱柴描的特征是指线型粗细长短不均,中锋用笔侧锋用笔并用,提按起伏大,间隔不等,用笔速度快,有枯笔,方转折似柴火。

三种描法有三种不同形象、不同节奏、不同速度及质感,又融入了三种物象的精神,用这样的线描绘出的形象不仅会表现出形状还能表现出感觉。原因——节奏、速度是任何物象变化的表现,静态的物象自身没有速度,但人眼在物体上"行走"时会产生速度——简洁快,繁复慢。无形的东西虽然看不到速度的形象,但能感觉到它们的速度,如风速的强弱、声音的快慢。万物的变化及变化的规律是有节奏的,物象与物象形不相似而节奏与速度相似,或物象的某种变化相似。这样一物与另一物的速度、节奏就能相互联系。无形的东西与有形的物象速度节奏相似,也能相通。另外物象与物象之间有部分形象感觉相似而相联系,或材质部分相似而相联系。再有精神相似(精神是指形而上学的东西,看不见但能感受得到,是刚是柔,是善是恶,人人都能判断)也能相联系。

几根线条、一组笔触也是物化的东西,虽没有明确其是什么,但自身有形状、有变化,也就有节奏、有速度(笔痕能记录速度)、有精神,人还会投射生活中另一形象内容给它,这样就能与其他物象相联系、相沟通,生出更多的意思来。春蚕吐丝描不仅表现了丝质服装还承载了人的气质、人的感情。蚯蚓描和乱柴描同样不仅能表现不同质地的服装,还表现了人对各方面的感受。

"五头怪人"与"飞出去的嘴巴"

抽象的形式语言通过自身的速度、节奏、形象与感受相联系、与传达的内容相沟通就能说话。具象的内容通过组织则更会说话,更能把感受传达出来。

这是一幅我画的插图,表现了一个找工作的年轻人的感受。画面通过"一人五头"的设计,把希望、焦急、沮丧、愤怒的情感展示在四张脸上,加上冒烟的皮鞋来传达找工作的艰难,另一个头仅露出了一点,希望是一张成功的笑脸。这种五头四表情的非常态组合,在生活中看不到,却能感受得到。画中的形象来源于生活,但不等于生活,它要高于生活才是艺术,才能把感受强烈地表现出来。

另一幅画面是表现人的声音洪亮。我让大叫着的嘴巴飞进三道门,来表达声音的穿透力和声音响亮的程度。这种合情不合理的形象内容组织是把感受转化为形象语言的有效方法。

上述两幅图中,大家看到了形象内容的组织,还能看到其他吗?就是那些营造画面效果的处理手段。

回答:线的疏密,黑白灰……。

对。还能看到什么?有没有看到"五头怪人"的黑色衣服轮廓边缘的许多点?有什么感受?

回答:变"松"了。

对。从另一幅图中看到物体统一的朝向了吗?

回答:看到了。

画面中或生活中有许多内容会被忽视,那些内容是让感受化为形象语言的材料,又是组织处理的方法,这些内容需要通过训练才能把握。

古人表现衣纹及人物的线条之三

五头怪人

二、修养与感受

画面的方向组织

同学们都画过色彩写生，学习过色彩知识。画面前的一组静物会观察到它们之间的相互影响。一只红苹果在你的画面上，苹果局部会有冷灰色，如果你的父母看到了也许会说：怎么把苹果画烂了？你会强调这是环境色的影响。记得我做学生时给一位老人画素描，头像画完后给老人看像不像。老人说："你怎么把我的脸有一半画脏了？"我说："这是暗部，这是明暗交界线……"。这两幅画都是观察感受的结果。这结果为什么与常人的看法不一样？区别在于我们拥有了色彩和素描知识。我看到了别人看不到的、感受不到的东西。

知识是人们实践中的认识和经验，几千年的文明积淀不仅储藏在书中，还渗透到各种载体中。对于美术设计范围来说，前人的画作、设计的作品也是知识的宝库，是我们学习的范本。学习知识是修养的具体表现，修养来自各方面，丰富的修养对感受生活的深度、把握形象语言的生动与感人的力度，无疑是会有帮助的。

头脑中的知识必然会与生活中的感受相碰撞，知识会引导你发现问题、解决问题。生活中的感受也会补充或丰富原有的知识，学习知识、感受生活、不断积累，会提高你创造生动感人形象的能力。

临摹与专业眼光

A 局限性与专业眼光

画者在写生过程中会敏感地发现，要把眼中所看到的物象用笔反映到画面上来是受到绘画样式的限制的。如：明暗素描就是一种。它是用铅笔、炭笔、钢笔等工具在纸上，用排列的线条组成反映对象明暗关系的样式，因工具无色彩性能而无法记录对象的色彩感觉成为其特点。线描样式就更单纯，仅只能用线来表现对象，它既无法记录光线，又不能记录明暗，还不能记录色彩。当我们的表现对象受到绘画样式局限时，观察也会随之发生变化，无形中样式的特点会指挥眼睛

不同的眼光

怎样去看，这就是所谓的"专业眼光"。有了"专业眼光"观察与表现手段就能相统一，作画（用一种表现样式）就不会遇到障碍。

B 专业眼光与临摹

对于初学者来说如何拥有"专业眼光"呢？中国画传统的学习方法就有一种值得借鉴的先临摹后写生、先学方法后作画的培养"专业眼光"的方法。一般来说被临摹的范画是一种样式的典范，它是优秀画家成熟期的作品，是符合某种样式组织规律的好画。在临摹过程中，为了避免囫囵吞枣，需在老师的指导下进行。

临摹同样是一种观察活动。其特点在于：观察的对象是画家加工过的"画面

学生临摹作业

学生读画后在速写本上留下的笔记

对象",这个"对象"已融进某种绘画样式及特殊的工具材料及手法之中,又包含着画家如何把对象艺术地转化为画面形象的观察方法与处理手段。

人不可能脱离生活,感官系统始终在感受着生活,感受的积累会转化为理性的"东西",但不会转化为"画面"。知识要通过学习和有方法的学习才能获取,通过临摹去获取绘画知识,使眼睛这一感官多一种"理性的功能",即在感受对象的同时,又把对象"画面化"、"专门的式样化"。这就是绘画人的"专业眼睛"区别于一般人的眼睛的地方。

C 不同画法不同的看

不同画种的不同样式要求有不同的"眼光",如:明暗素描眼光、线描眼光、国画写意眼光、工笔画眼光、油画眼光、水彩画眼光等等。作为绘画样式来说,它有一个表现物象的结果与物象"像"的"距离"问题,如:国画写意,描绘的对象与生活中原形"像的距离甚远",而写实油画"像的距离略近",明暗素描相对线描就距离"近"些。"距离远"的样式从客观到画面表现,处理的"成分"相对就多,这都需要用"专业眼光"来把握。如:在速写的过程中,人的衣纹褶皱多而复杂,和速写所要求的线组织样式的衣纹组织是两码事,速写只

不同画种不同的表现样式

> 经验提示："专业眼光"的形成还需要经过对某种样式的学习，再带着某种样式的有色眼镜去观察，还要到用某种样式来表现生活中的感受，这样一个反反复复的实践过程。从而可从中逐步领悟某种样式的特点与局限性，再及工具与纸张及美感的趣味特点，并将其熟记在心，然后通过眼睛与生活中被观察的物象联系起来看，悟出它们之间的道理，把握它们之间的关系，再过渡到画面。这种"专业眼光"的培养方法区别于理论说教。

学生临摹作业

能表现其精神和大的感觉及速写本身的美感。为此，面对物象必须依据速写样式及要求进行取舍。另外，为了发挥速写线条特点及线组织的疏密美感，在生活中可有意选择对象，如：密体毛衣和"疏体"外套组合的对象，"疏体"的粉墙与密体的黑瓦组合的对象，这些对象适合于线条表现并发挥了速写的长处。对于绘画中的"近样式"，不能因其"接近对象"而照搬对象甚至被对象牵着鼻子走，那等同于照相机，必须用"专业眼光"去审视对象把握其与绘画样式的关系，然后指挥手中画笔去处理画面"对象"。

"专业眼光"既要去感受对象、组织对象（依据绘画知识去进行"运动观察"），又要指挥手去完成某种画面效果，还要审视画面效果，为此，"专业眼光"的高低对于画面形成效果的好坏起着关键的作用。"专业眼光"也是有一个由低到高的形成过程，为了有效提高专业眼光，"先临摹后写生"是一个良好的方法及科学的起步。临摹是一种学习，也是一种修养，又是一种实践活动。临摹的目的不是去学像某个大家的风格，而是去领悟绘画的道理，更好地把握绘画过程中各种关系，并通过学习具体的处理手法为自己的画面效果服务，通过不断积累逐步提高专业眼光。

学生临摹作业之一

学生临摹作业之二

■ 学生作业：观察与感受

从学生速写本临摹的作业中，反映出学生在读画临摹过程中不断吸收优秀作品中的营养。有些学生还用文字写下了自己的学习体会。

学生临摹作业之三

感受与语言 基础造型 2 把生活感受化为形象语言

学生临摹作业之四

学生临摹作业之五

学生临摹作业之六

设院外的感觉

三、眼睛的特殊性与感受

眼睛在感受事物变化的过程中必然要受生理、心理因素的影响。

A 在生理上

1. 视力因素：近距离的物象看得清，远距离的物象看不清。视力中心物象实，周边虚。映入眼中的物象，不同位置的对象虚与实、清楚与不清楚，视觉感受会不一样。

2. 透视因素：映入眼中的物象会产生不同程度的近大远小及视平线上下的透视变化，不同的物象在各种透视关系中所产生的形象感受会不同。透视又会改变物象视觉上的比例关系，物象会产生幽默滑稽的感受。

3. 光线因素：受光部看得清，暗部看不清。光线暗看不清，光线强看得清。不同光线下的物象在视觉上会产生不同感受。

4. 形状因素：复杂的形状眼睛看得慢，简洁的形状眼睛看得快。物象的复杂和简洁，色彩的鲜灰、黑白对比的强弱也同样造成传递速度的快慢及形象自身不同的感受。

B 在心理上

1. 眼睛受世界观的影响，对事物有自己的好恶感并会产生相应的情绪变化。
2. 受审美观的影响，物象会朝审美方向发展。
3. 受专业知识的影响，观察角度不同，对物象的感受也不一样，会看到物象的形式变化与某一绘画样式相一致的地方。
4. 眼睛受好奇的影响，对新鲜事物会仔细地看并"放大"它的特点。

眼睛受生理因素的影响，造成映入眼睛中的对象变为"视觉形象"，它与我们认识的对象有时会产生矛盾或错觉。如：在透视的影响下某种角度的物象会减弱特征或消失特征，甚至没有了原有的精神。对于这种现象既要避免防止传达上的阻碍，又要利用它为"说生动话"服务。

心理因素对眼睛影响最为复杂。虽然人有共性的一面，但每个人总有自己的

物象的俯视效果

个性与世界观及修养。同样一个描绘的对象，不同的画者感受却不一样，描绘的形象也不一样。在张扬个性的今天，个性流入到自己的感受再流进自己的作品中是件好事。各人的个性似不同的色彩，只有姹紫嫣红才能让艺术把生活装扮得更美。

夜间被电脑光照射的物象

观察与感觉

生活中，我们有时会对某些物象发生兴趣并产生感觉，有时又会面对各种各样的物象却视而不见毫无感觉。感觉是一切知识的源泉，也是艺术的根本；感觉是人对事物的反应；感觉是思维活动的材料。对画者来说，对事物反应是否敏感、感觉是否丰富，会影响到艺术思维直至艺术水准。笔者也常听到有些学生在被画的对象面前抱怨"没有感觉"。那么，感觉从何而来呢？

A 感觉产生的条件

1. 人在观察过程中是否能产生感觉与观察的对象有着密切关系。一般来说，人对司空见惯的东西没有新鲜感，而对那些从没见过的"东西"往往容易引起人的注意，充满了新鲜感，可谓"少见多怪"。

2. 与观察者本人有着不可分割的关系。生活中那些平常的东西、天天见的"东西"因种种原因也在发生着变化，当你看到这些变化及变化的原因或过程或结果与自己的生活经历有着某种联系，你会对此"东西"发生兴趣，也会产生感觉。如：一辆新车和一辆旧车给人的感觉就不同。被踏过的自行车留着人使用过的痕迹，这些痕迹记录着一件件曾发生过的事情，会让人浮想联翩。但也有人对旧自行车毫无感觉，认为"就是车"，看不见其他"任何东西"。

旧自行车

生活中有些人常常触景生情，感觉丰富，而有些人却视而不见，一片空白，原因在于与人的生活经历、经验有关，又在于是否习惯于咀嚼、细品、慢咽地对待生活。新奇热闹的生活是生活，平淡单一的生活也是生活。生活是有变化的，你要热爱生活才会去细品生活的浓淡，长此以往会变得敏锐，就是那细小的不显眼的变化都能引起反应，会感觉到事物背后的内容，这样就会获取丰富的感觉。

没带耳朵的人

穿裘皮大衣的人

3. 感觉来自于两个方向：

一是对象给你的感觉，

二是你对对象有感觉。

两者碰撞在一起的时候，感觉最强烈。如：同样是阳光，冬天的阳光，你会对其产生温暖、柔美的感觉。这种感觉一是在生理上能感受到，二是在心理上能感受到。这种感觉的获取有一个在冬天需要温暖和阳光给予温暖的条件，也就是感觉的产生有一个内外因共同起作用的规律，需人与对象双向互动、沟通。如果"一个打开，一个关闭"感觉就会不强烈或无感觉，就如生活中的"野耳朵"，别人叫他，他却"听不见"，心不在焉。再如：炎热的夏天，有些人会"心定自然凉"。另外还有因果关系的例子，如：一叶知秋，就是需要由某个刺激物才能带来感觉的结果。

4. 对象给你感觉的另一因素是对象的内容或形式上对比反差大。对比反差大的对象有两个概念：

一是所看到形象本身的对比强烈；

二是所看到的所接触的对象与头脑中储存的某一可比的东西对比反差大。

这种获取感觉的因素也有一个你去注意它和它让你注意的条件。作为一个画者来说只有去注意"它"，才能看到"它"，才能获得"它"给你的感觉。

生活中那些常见的变化小的物象隐藏着许多丰富的感觉，可是它们不会引起人们的注意，感觉的获取，的确有一个"客体与主体"的关系，但对我们来说必须要主动地去感受，到生活中去多接触、多观察、多交流，谁主动谁收获就多。

B 感觉的深浅与个性

一般说来感觉系统健全的人对事物总是有感觉的，只是感觉的层次有深浅，感觉的方向有区别。

1."物理性感觉"——物体的轻重、软硬、冷热、光滑毛糙、香臭等等，可以通过人全身的感觉系统来感觉。

2."生理性感觉"——痛、痒、吃力、懒散、有劲、舒服、冷热等等，人自身的感觉是明确的，观察他人的生理反应是凭自身的经验，如他人的脸部表情、肢体动作、精神状态来感觉。

3."心理性感觉"是最丰富最复杂的，引起某种心理感觉的对象是各种各样的，它与观察者的自身各种因素有着密切关系，虽也有深浅之分，但相对是复杂有深度的。

八大山人的作品

画家凡·高感受到的郊外景象

一般感觉的方向是单一的，而深层感觉的方向会由不同的人造成丰富而多变，一个物象让你和他感觉到什么，感觉的方向就会有变化。感觉有共性也会有个性。"物理性感觉"、"生理性感觉"大部分是相似的，所谓共性。但人的"心理性感觉"因受各种因素的影响，不同的人对同一事物的感觉会有差异，有时会截然不同，即所谓个性。如：观察一个戴皮帽穿皮衣的人，有人会感到皮衣皮帽的穿着会带来暖和的感觉，也有人会感到冬天的寒冷，还有人会感到此人的富有，也会有人感觉这个人不过是在炫耀自己的服装等等。

人的人生观、世界观、审美观的不同，造成了对事物所产生的心理感觉各有不同，一个对事物心理感受独特的画者，会因为心理感觉的"个性"去改变眼中所看到的物象，按照"自己"的感觉把观察到的物象演变成一种个性化的形象。

C　感觉与情绪

人都会有情绪，情绪也会左右人的感觉。情绪是由外在因素或内在因素影响而产生的。当人处在某种情绪状态下，眼中所看到的形象也是情绪性的，而且因为情绪的变化，眼中的形象也会随着人的情绪产生变化。如：胆小有着恐惧心理的人，夜晚走在无人的弄堂或荒野，周围那些白天看起来很正常的"东西"，就变成了种种"妖魔鬼怪"，这就是一种情绪造成的"变形"感觉。人的情绪与上述心理性感觉相比，持续的时间相对要短，它是在一种特殊情况下的条件反射，过了一个时间段就会平静或消失。而心理性感觉是由人生观、世界观、审美观经过一段时间磨练而成的，相对来说时间长，稳定性强，不会轻易变化。

由夜间光线造成的郊外景色

经验提示：对于画者来说，对感觉如何产生的了解、如何获取感觉、如何发现传达感觉的形象、如何制造某种感觉来传达给他人的研究，对深化、丰富形象语言及加强艺术作品的传达力度是非常有益的。同时画者还需了解自己对什么感兴趣，对什么感觉特别强烈，它将对自己作品的个性形成起着重要作用。

D 感觉的把握

对画画人来说生活中大部分有感觉的"东西"都是被我们的眼睛捕捉住的，这说明产生感觉的"东西"都有一个外表能被观察到。依据笔者观察体验的经验，认为能产生感觉的"东西"所包含的对象内容很多，有：

形、色、质、点、线、光、色调、速度、比例、人物动态、人物的面部表情、大自然的各种现象、各种生活现象、人与人、人与自然、人与社会等等，这些"东西"自身的变化与组合无比丰富，难以言尽。

有些感觉的来源虽没有具体的外形，如：香味的浓淡、空气的新鲜度、悠扬的鸟鸣等，它们只能靠鼻子嗅到或耳朵听到，但它们与某些有形的东西有着密切的关联。如：花香与花、鸟鸣与鸟，它们还与某些有形的东西所产生的情调、节奏有着相似关系，通过暗示方法把那些能联想的形象组织起来，也能间接地表达出这些感觉。

铅笔笔触探索

肌理效果探索

通过流水形象传达流水的声音

感觉属于认识的感性阶段，因有时对事物产生感觉的过程中仅是用某一感觉器官去感觉，所以认识是片面或是单一的。一般画画人观察事物获取感觉是用眼睛，但认识事物还必须借用其他感觉器官来感觉，需用心去感觉。此外对一事物认识得正确全面和有深度，还需有一个时间的条件才能把握。

获取感觉的最终目的还是要创造出画面感觉，也就是用绘画形象来组织生活中的各种各样的感觉。能产生感觉的画面，它依靠两方面的材料来营造，一是内容材料，二是形式内容材料，这也就是造型的两个部分。这两个部分材料的源泉是生活，但形式内容中有些"硬件"材料（技法、材料、工具所作用下产生的感觉），还可以在画面实验反馈的信息中获取，但这些实验所反馈的信息必须与生活中某感觉相一致才能成立。如：尝试各种肌理效果及不同笔法所产生的笔触效果等，这些效果并没有按照自然界的样式在模仿，但产生的效果会与生活中的某些感觉相似，它就可以成为材料。虽然这些"东西"是在偶然的条件下产生的，但我们对"它"的认可是与我们生活的积累分不开的，我们是依据生活经验来判断和联想，从而最后完成那些尝试性技法的创造性价值。

■ 学生作业：表达感觉

用不同的笔触线条填入感觉器官的轮廓中来表达自己的感受。

四、教学计划

	课题	周次	星期	课时
挖掘对象内容的另一部分	1. 比例观察	1	1	4
	2. 空间观察	1	2	4
	3. 方向观察	1	3、4	8
	4. 节奏观察	2	1、2	8
	5. 材质观察	2	3、4	8
把握形象语言中的对立统一	6. 虚实观察	3	1、2	8
	7. 紧松观察	3	3、4	8
	8. 动静观察	4	1、2	8
形象语言中的组词组句	9. 抽象观察	4	3、4	8
	10. 人物可动观察	5	1、2	8
	11. 拟人化观察	5	3、4	8
	12. "大形象"观察、事物的组合观察	6	1、2、3、4	16

训练目的：进一步提高学生的观察能力、形象思维能力、造型能力。

训练要求：

1. 明确事物不是孤立地存在于世，它们将会与周围各种因素发生关系并产生各种变化。要学会用"全面地看，相互联系地看"的方法去观察和思考。

2. 第二单元中训练的十二课题是一个整体，相互间有着必然的联系，为此先要了解训练的全部内容，然后把握其任务重点。

3. 观察是没有时间、地点限制的，要利用课余时间做好训练，可以利用照相机作记录的工具。

第二讲

↘ 把握物象的
另一部分

看到了什么

同学们，在你们眼前的我不是孤立的一个人，我是在教室这个环境中和大家在一起。看，我的四周上下有桌子、椅子、讲台、黑板、日光灯、电扇，左面有门、右面有窗，你们看到的是手拿粉笔在教室里上课的我。

还看到什么？

同学回答：看到了灯光，天光的照射，物体的明暗及投影，色彩的变化。

对，还看到什么？

（无人回答）

我的脸朝着你们，你们的脸对着我，这是事物的方向内容。

（我让一位女生站到我身边）现在看到什么？

同学回答：老师和女生站到一起。看到了老师比她高。

（又让一位男生站到我身边）现在又看到什么？

同学回答：看到老师比男生矮。

你们看到了高矮的变化，悟到了变化的不确定性道理。还看到什么？

同学回答：老师身穿的毛衣、衬衫。

这毛衣、衬衫穿在人的身上不仅仅是衣服，它还有别的内容——天气变冷了，秋天来了。我今天不断地提问同学们"看到了什么？"目的是让你们领会不能一般地看，要学会观察，在观察中全面地看，比较地看，联系地看。这样我们会看到别人看不到的或熟视无睹的东西。如果你仔细、耐心地看还会看到更多。不要小看这些不起眼的内容，它们都是形象语言的材料，生动感人、有艺术性的作品需要它们来营造。

课堂

画面与比例的关系

一、课题一：比例观察

每个内容对象都由各个局部组成它的范围，局部与局部、局部与整体之间还有一个大小比例内容。一个对象有一个大小比例的规律，一个由群体组成的内容对象也有一个大小比例的规律。再有一个"多少"的比例内容，一个局部内容形象占整体内容形象比例的多少。还有一个比例秩序内容，事物的大小、多少都有一个秩序规律。最后是画面与对象的比例关系。以观察事物的大小、多少的比例变化为内容称为比例观察。

如同纽扣般大小的太阳

一天我无聊地站在窗前看着窗外的景象，偶然间视线滑落到天边的太阳上。这个比地球大无数倍的东西在眼中怎么会如同纽扣般大小？有些疑惑又有些兴奋，似乎发现了一个天大的问题。这太阳的视觉形象与真实的太阳距离有多大？不知道宇航员在太空中见到的太阳会有多大，月亮肯定是越来越大吧？大到看不到边……

"纽扣大小"的太阳在我们的视觉中不会变了，这是人眼造成的，因为太阳离我们太遥远了。而由眼睛形成的物象"近大远小"的规律有时会"搞乱"头脑中形成的物象比例关系，出现一些有趣滑稽的现象。记得小时候常坐在无锡的锡山山顶上看山下的"小人"、"小汽车"、"小房子"，有时还伸出手企图去抓住这些山下的"小人"、"小汽车"、"小房子"。是否《西游记》的作者吴承恩想象孙悟空在如来手中翻跟斗也受这种生活的启示？透视造成"反比例现象"大都"多见不怪"，如果有意地利用"它"就是产生画面趣味的佐料。生活中有许多比例内容很有趣，如万吨巨轮下的一叶小舟、一群蚂蚁扛一颗饭粒，因而是我们观察的对象。

头部五官比例变化

生活中的数量比例

比例观察的方向

A "比例"的用途与感觉

我们学画的开始都会学习"比例观察"的方法,把眼中的形象按"比例"缩小或放大后搬进画面。这种观察的目的很明确,为了画中的"对象"像对象。为了把握"像",人们在观察过程中,观察某对象或一组对象的比例时,方法为个体的比例是以某个局部作整体比例的比较标准,如:人体比例以头部作全身比例的比较标准,从而产生了人体比例图。传统绘画中的人体比例口诀:"坐五,立七,蹲三","三停五眼",同样也是用头部或头部的局部作比例而产生的。群体物象的比例关系一般以一组中某个小的物象作群体比例的比较标准,如:高楼、树、电话亭组成的物象,由电话亭作三者比例关系的比较标准。这种"比例观察"仅服务于把握对象的比例关系的准确上,而忽视了比例关系对于视觉感受的另一面,也就是由"比例"产生的"感觉"。就拿人的头部为例:头部五官大小比例的不同就会产生美与丑等感觉。因此以观察"比例感觉"为内容的观察称为"比例观察"。

B 比例产生感觉的原因

一是源于对象的大小比例关系。物象大小悬殊,比例上反差强烈;大小相等,比例无反差;大小略有不同,比例反差弱。生活中各种大小物体都有其自身的内容,不同内容的大小比例所产生的感觉是无穷的,同时不同大小比例关系从形式上看又是一种节奏变化。

二是源于数量比例关系。此关系:1. 是观察范围中某一物象所占量的多少,如一群羊中的一只狗。2. 是某个物象局部之间量的比例,如一条蜈蚣其"脚"量多如"百脚"。不同内容的不同量的比例变化也会产生丰富的感觉,量的变化也是一种节奏感。

三是源于比例秩序变化。一般说谁大谁小都有规律,这种规律在人们头脑中形成了概念。而这种概念是受人的活动范围限制(头脑中不可能拥有所有的物象比例概念)的,当超出了活动范围,原有的一些概念会被打破。如只见过河中小船的人当看到海洋中的万吨巨轮,原有船的比例概念就会起变化,感受也会更强烈。再如现在的各种新品种的瓜果蔬菜,有"迷你西红柿"、"巨型草莓"等等,它们的"新奇"同样产打破了头脑中的比例,它们似乎把我们引入童话王国。

四是源于比例关系变化。比例关系一般是指此物体与他物体相比的比例关系或物体局部的比例关系。而物体是在各种空间位置之中的,它们呈现在人眼中会有近大远小的变化,因此物体还有在视觉空间中的比例关系,如比地球大的太阳,有时会感到其大小如钮扣。生活中各种物体比例关系由空间关系的不同会产生各种比例变化,似乎改变了比例的秩序,但又统一在近大远小的关系之中,如:近处一扇窗,要比远处房子大得多,因它们在透视关系中,没有不舒服的感觉。这些大小的变化除了视觉感受到变化外,心理上也会有不同的感受。

五是源于画面的比例变化。作为绘画观察来讲,观察还需落实到画面。画面是我们观察的另一个世界,它是一个有限的空间,它的载体是16开速写本、8开的画纸等等。被画的东西可按画者的意图画大或画小,而大小就有了占画面多少的比例关系。画面"对象"还与生活的原对象有一个比例关系,这些关系会产生各种感觉,如画面的切割作用,一个对象被切割剩余的局部因占画面的比例大就会有放大、扩张的效果。

C 有意打乱比例关系

在观察画面的过程中我们还会发现因一个没有把握住对象比例的画面形象而闹笑话的,如把一辆成人自行车的车座画大会感觉像一辆童车。"此笑话"说明比例是变化语言的一种方法。在现代商业绘画中用"比例"搞"笑话"或"吓人"是一种常见的手法,我们在组织画面时,也可打乱生活中的比例秩序来创造"新语言"。

反比例处理

夸张的比例关系

夸张的比例关系

经验提示：大小的比例、多少的比例，从美术造型这一角度来讲除了上述获取变化的感觉为内容组织服务，直至为传达服务外，还应为造型的另一部分——形式变化服务，为符合画面结构服务。因此，在观察对象比例内容的过程中，要注意其形式与内容两者的关系。

改变对象的比例关系

改变事物的数量关系

众多热水瓶与脸盆水桶的比例对比

改变对象的比例关系

逆向改变事物的比例关系

比例观察练习

1. 比例大小观察：(1) 人物头部五官观察；(2) 人物全身比例观察（纵向，横向）；(3) 室内各种家具、摆设组合观察；(4) 室外各种物象组合观察。用相机记录，数量不限。

2. 比例多少观察：(1) 以昆虫作对象，局部与局部之间的量的比例；(2) 以人为形态作对象，局部与局部之间的量的比例，如：火车车轮，整幢楼的窗户等；(3) 观察某范围内某一物象所占量的多少，如：菜园中的菜与小鸡、马群中的一个骑手。8开纸3张。

3. 比例秩序变化观察：(1) 按人的年龄段：老、中、青、少、幼来观察"大小"的不同比例；(2) 观察生活中秩序的变化，如：肥胖小孩，大草莓等；(3) 室内家具的比例秩序。8开纸3张。

4. 观察透视关系中比例秩序的"变化"。4开纸1张。

5. 比例语言练习：(1) 通过比例变化来塑造人物形象；(2) 用比例对比的强反差来塑造物与物之间的强弱关系；(3) 用比例秩序变化来营造幽默趣味；(4) 用反比例秩序来创造新的视觉形象；(5) 用画面来改变对象比例关系。16开纸5张。

改变对象的比例关系

感受与语言 基础造型2 把握物象的另一部分

■ **学生作业：比例的观察**

通过对事物比例的观察，我们可以了解其大小、高低、直曲等特征变化，以便更好地认知事物的外形。同学们通过观察，用铅笔记录下了这一幅幅生动的画面。

生活中物象的自然比例关系

改变对象的数量关系

改变对象的比例关系

改变对象的比例关系
改变头像的比例关系
改变对象的数量关系
改变对象的比例关系
改变对象的比例关系

感受与语言 基础造型 2 把握物象的另一部分

空间组织

二、课题二：空间观察

观察对象在某个范围内所占空间的大小或已被占去的空间。

观察一个对象与另一个对象的前后空间距离。

观察被画对象所占画面空间的位置、大小、前后，以上三点称为空间观察。

乘电梯

乘电梯是现代生活中的内容。电梯不是家家都有，像我们要去某个大厦、宾馆、高楼才会乘电梯。一般去饭店参加婚宴、寿庆时，一拨一拨的人涌向电梯，挤在这箱子似的电梯里还真透不过气来。一般到办公机构乘电梯常常是一个人，关在四周铁壁铜墙似的大柜子里真有与世隔绝之感。我喜欢乘商场里的电梯，从一楼到七楼缓缓地上下，每一层都有它的热闹与繁华，站在这一阶一阶的台阶上，被它那"巨大"空间的氛围而感染，使人心情舒畅。人在各种大小的空间中活动，在相同的内容不同的空间中会产生各种感受。我去过沙漠，到过大海，在那些人烟稀少的大空间中我会感到人的渺小与寂寞，而狭小的被窝却让人感到温暖；苏州的园林、江南的小巷弄堂、生活中使用的各种容器等等，它们各自展示着自己的空间，而这些不同的内容和不同的空间既可给人不同的感觉也可给人相同的感受。

乘电梯的感受

空间观察的方向

A 制造纸上的空间效果

在一张平面的纸上画出空间感觉来，会使人兴奋，似乎打开了一扇窗展现了一个新的世界。要在平面的纸上产生空间感，因素有许多。一张白纸上有两条不同长短的竖线并列在一起，就会有前后感觉；在灰色调的纸面上两个大小相同圆形，因它们是黑白两色而产生白色圆向前，黑色圆向后退之感。纸上产生了空间，这是人的心理反应。其根源是生活中的种种空间样式，从人的心理再在纸上

物象占满空间产生拥挤

空间样式

平行透视样式

间接得到的反映。如没有掌握"透视学"的中国古代画家,也有自己对"空间"处理的手段:"平远法、高远法、深远法、迷远法"或"留白、让、石分三面"等等。

B 空间产生感觉

人们从追求画面的空间效果,逐步演变为"空间美",而空间美不仅是有空间感就够了,还要使它成为传达情感的一种语言手段。前辈画家为了在平面的纸上制造空间感觉,他们在实践中发现了透视规律并创造了透视知识。掌握了透视知识,我们就能在观察过程中把握住对象空间与透视之间的关系,在画面上制造出各种样式的空间感效果。透视造成对象的不同空间感样式和由其产生的感觉,还有空间的远近、大小产生的感觉,另外,还有不同的对象因其不同的内容在某种透视样式中或在某个空间位置上所产生的感觉。

C 空间观察"六看"

产生空间语言必须通过观察生活、观察画面才能获得。空间观察一般是指:

一要看空间样式。空间样式是由不同视角、视平线、视距造成。其类型有:a. 平行样式,b. 成角透视样式,c. 低视平线样式,d. 中视平线样式,e. 高视平线样式。对象透视样式还可以是由上述样式的某种与另一种相结合的样式。各种样式造型感觉是不同的,如:低视平线会产生物体变高变大之感,低视平线的样

低视平线样式

式加"焦点透视"会加强纵深感。另外，对象进入到画面，与画面的"远近"、平行、成角关系会形成深空间、浅空间、"凸"空间三种样式。

二要看空间的环境内容及范围。眼睛在观察过程中都受某个环境内容及范围影响，空间感觉也随之不同，如书房和商场有空间的大小之感，草原和深山、丛林和大海则有开阔和狭窄及平远、深远、高远的感觉。

三要看在各种环境中你注意的"主角对象"占空间的大小和视距的远近。不同的大小和视距的远近会产生"大强小弱"、"远疏近亲"之感，如高大的建筑物与小鸟、渔船与小鱼等。但因空间中的对象不同，感觉也会有差异，如一只可爱的宠物，视距越近就会越感到其"亲切可爱"，而一条蛇或一只猛兽视距越近就会越感到危险。对象"进入画面"所处位置的远近与所占空间的大小完全可以由画者根据自己的感受和传达的需要及画面的构成自行控制，并让其产生语言。

中景样式

四要看对象的形体结构所造成的空间趣味。

a. 灵动形式的趣味。其指：部分条形、柱形组成的"不封闭"的对象。如桥梁、凉亭、走廊、铁塔、桌椅等，因其有部分漏空，显得透气，又能透过它看到其他的对象。

b. 封闭形式的趣味。其指：由对象的凹凸起伏造成的趣味变化。

生活中万物都有各种形状，从而造成空间趣味变化多端，有些简单、有些复杂、有些是由各种样式组合在一起，其样式很难归类。如：一面墙是"平行透视"的样式，挡在你眼前（指近距离）因无起伏会产生一种平面感，会显得有整体和扩张力感。再如一片树林后隐约出现的寺院，这种由"透"造成了镶嵌之感。

五要从画面的平面性角度来看，画面是一个二维的空间。画面形象占画的多少，也会产生空间感觉。多为满，少为空，太满会延伸出拥挤、热闹；太空会延伸出冷清、孤单。

六要从画面的立体性角度来看，画面是一个三维的空间。三维空间中由事物的前后关系，在画面中产生了重叠现象。在绘画经验里画面中的形象一层又一层地叠加会产生空间感，由此叠加转化为空间营造的手段。

特写样式

叠加产生空间

特殊的空间组织

经验提示：在观察中捕捉空间感觉，除了对象自身给予感觉外，观察者可结合"运动观察"、"可动观察"方法，主动去变化对象的空间感觉。用叠加的方法处理空间关系要注意形象的横竖关系。在空间中还用全景、远景、中景、近景、特写来区别范围的大小和前后的程度。

利用两点透视及天点地点透视加强画面空间感

特殊的空间组织

建筑空间设计

生活中有趣的空间效果

空间观察练习

1. 观察各种不同的空间样式。a. 观察室内环境,在同一个环境中变化视角,观察其不同的空间视觉样式及由其引起的感觉。b. 观察室外环境,面对某个对象进行视距、视平线变化,角度变化,观察其空间样式。用相机记录。

2. "主角对象"距离观察。a. 用同一种"东西"作远近距离观察。b. 用不同性质的"东西"作远近距离观察,如一把刀、一个美味汉堡、一位漂亮女孩、父母双亲、不喜欢或讨厌的东西、邻居家的狼狗、老鼠、臭虫等等。8开纸2张。

3. 观察生活中各种自然形态、人为形态中的"灵动型"与"封闭型"的物体空间变化趣味。提示:a. 门、窗、楼梯、走廊、家具、交通工具、建筑物、花草树木等等。b. 观察中国传统建筑、各种器皿等空间构成。4开纸1张。

4. 空间想象练习,依据上述内容及观察后的积累。a. 画空间想象草图:"书房","婚宴"。b. 进行自行车、家具等的设计。8开纸2张。

5. 选择生活中某个对象在画面中变化其"深空间"、"浅空间"、"凸空间"三种样式。8开纸3张。

6. 用撕小的黑纸或瓶盖子等在一张白纸上进行多与少的空间观察并相机记录。

生活中有趣的空间效果

感受与语言　基础造型 2　把握物象的另一部分

校园空间趣味表现

校园空间趣味表现

成角透视样式

041

校园空间观察记录

校园空间观察记录

特写样式

远景样式

■ **学生作业：塑造空间**

同学们通过摄影、线描、速写等形式，记录我们日常生活中不被注意的空间构成，细细体会另有一番情趣。

感受与语言 基础造型 2 把握物象的另一部分

物象空间的灵动型样式

物象空间的封闭型样式

镜子里的空间

中视平线样式

三、课题三：方向观察

观察事物自身的朝向，观察事物所处某个空间的朝向，观察物体与观者的朝向关系，观察物体行动的方向以及事物的方向组合称为方向观察。

倒车请注意

现在有私家车的人越来越多，新村里窄窄的马路上停留着各种各样的车子，给行人带来了麻烦，也给开车人带来了麻烦。常看到小车为了前行不得不倒车，"倒车请注意，倒车请注意"这种声音让车后的人讨厌。汽车逆向行驶隐藏着种种不测，开车人也很无奈，只能小心翼翼地往后倒，"倒车请注意……"

物象的行动方向由自身的上下左右前后来确认，有头有尾的物象前后方向才明确。如：有首尾的汽车是前进还是后退让人一目了然。有些物象的头脚、首尾不明确，要由人的投射方向或意念来确定。有些物象的头还要分"脸部"与"后脑"，"脸部"才是指示方向的箭头，物象有了头才会朝前、朝后、朝上、朝下、朝左、朝右、朝东南西北某个方位，或朝向某个物象，如：向日葵向着太阳。生活中物象的朝向因自身的内容和所朝向的物象的内容相互之间的联系、组合给人带来各种感受与造型上的启示。

方向观察的方向

A 方向的基本内容

方向内容可谓有四个层次。一是物体自身的朝向关系；二是物体处在某个空间的朝向关系；三是物体与观者的朝向关系；四是物体行动的方向。方向可分为：前、后、上、下、左、右。物体的前后是由其内容来决定的。如：人的胸是前，背是后等。而生活中有些物体没有明确的前后关系，它们的前后是由观者来决定的。一般来说，迎面（观者）为前，背面为后。

生活中我们眼前展示的物体各自都有其明确的朝向，方向一般依事物的正面朝向为准。万物的方向是由各种因素决定的。如：住宅建筑方向朝南，而商场的朝向是马路；幼儿园里小朋友围着老师听故事，其脸的朝向是老师的方向；而在超市里消费者因各自购买的内容不同造成方向也不同。从上述案例来看，不同的内容还形成方向的不同组织，也就是方向外在的形式呈现出来的样式。如果用直线加箭头形状来表示方向的符号，我们还可以从上述举例中看到不同内容的方向构成。在传统中国画构图中，讲究"开合、呼应、顾盼"，这就是一种以符合画面要求的方向构成内容。因此"方向"既是内容又是形式，它对造型艺术来说是一个重要内容。

B 人的方向内容

进行方向观察，首先要由某个内容来决定它的观察范围。人作为观察的对象是最为丰富的：第一，人有明确的前后上下左右；第二，人有可动部位的运动方向；第三，人体有全身活动的方向。人在生活中有着各种变化，人是熟知自身活动的，人的活动与变化又是人类交流最多、最主要的内容。人类行为的种种都包含方向的内容，"方向"还扮演着重要"角色"。如：一个等孩子回家的母亲，她的脸肯定是朝向孩子回家的那条路上。

人的局部可动部位的方向变化，在方向组织中是非常有意思的。如：人在争辩中，头部的转动方向与手的指向相反，与胸的朝向也不一致，这种方向变化会造成动态的生动性及运动节奏的强度。人类心灵的窗户——眼睛能上下左右运动，它的方向变化与其他可动部位形成的方向组织所产生的感觉是传神的关键之处（人体可动部位的方向观察与人体"可动"观察，有相似之处，在此从略）。生活中人与物又发生着种种关系，尤其是那些与人发生密切关系的东西无形中也注入了人性，从而这些物的朝向有了情感色彩（此内容与拟人化观察相似，权作省略）。

C 方向与动感的关系

能动的物体在人的意念中始终有着动的感觉，因而静止状态中的它们也会给予人"动感"。动又与方向紧密相连，而动感方向一般是向前不是向后，而且沿

方向组织的各种样式

着运动的轨迹方向前进。可动物体前进的速度及力量是不相同的,而储存在人头脑中的"信息"在观察过程中还会潜在地发挥作用(潜意识),感觉它们是在动或将要动。这些不同内容的能动物体的形象组织在视觉上会产生效果。群体可动物体的方向一致,会造成一种气势,也会造成一种秩序感。如:火车站有几列相同方向的火车在一起、一群马的方向一致、一群小鸭水中游等。

D 方向的特殊变化

生活中有各种各样的物体在某个内容范围内进行着各种组合,其中也包含着方向的组合,这些组合在某些因素的作用下产生了各自的组织规律及方向组织规律。如果在某个时间段或其他条件下产生变化则会由另种规律来代替。如:教室椅子的凳面是朝上的,而到了打扫卫生时,需把椅子倒放在桌子上,这时凳面朝下,改变了方向。物体的朝向规律变化肯定是有原因的,这些变化是我们"方向观察"的重点。这些现象与往常不同,而容易引起人们注意的原因正是形象背后的内容。

E 观察的位置与方向

在观察过程中我们还会发现,观察者的位置不同,物象的方向就会有变化,因而给人的感受也会不相同。如:一辆汽车,你观察的位置不同,就会有朝前、朝后、朝左、朝右的变化。另外,由于视线的高低有些物体方向感也会发生变化。"方向感"是一种动势趋向,它与物体的正面朝向是有区别的。如:图A、图B中两种不同视平线条件下"高楼"所产生的"方向感",A是向上的,B是向下的。从这一点来说,观察者可以依对象感受及审美观来选择角度,改变对象的方向,来达到为造型服务的目的。

F 方向与中心的关系

另外,在观察过程中,事物在某个内容的组合中,方向是起主导作用的。如小朋友围着老师听故事,排队买票等,因方向会造成一个中心或目标,感觉会显得集中、紧凑。而"目标"的位置在你作观察记录转移到画面时,可以依据画面需要放置。

方向造成特异

用人的脸部指示方向

方向的呼应关系

G 方向与画面的关系

作为绘画观察来说，观察是绘画不可分割的一部分，观察已进入到绘画状态，它必然和画面相联系。画面从观察到写生，它似裁剪生活片段的"框"，这个框又是画者眼睛的"延伸"，围绕对象进行近看远看前后左右上下观察，生活中的任何内容都可按自己的艺术标准任意裁剪，其中包含着方向内容。作为画面来说，自身具有明确的上下左右，而画面的前后是由画面中对象的前后决定的，画中对象的方向面朝观众的是前，背对观众的是后。画面的方向始终不变，画面中内容的方向则是可变的，可按画者的意图来组织。

图A　图B

方向的对立统一

校园方向内容观察记录

呈尖角的物象方向明确

校园方向内容观察记录（相同内容改变视角，朝向就会产生变化）

校园方向内容观察记录

> 经验提示：生活中存在方向内容，各种方向内容会产生各种不同的感觉。有感觉就会产生"语言"。而绘画语言是要通过各种不同的绘画形象来形成，这些形象的原形又来自生活，对生活中那些物象所产生的及组织产生的感觉与我们怎样看有关系，怎样看又会影响到怎样的形象直至它传达的内容。把生活中方向作为一个观察内容，其目的也就是研究"方向"在造型语言中的作用。

感受与语言 基础造型 2 把握物象的另一部分

有趣的朝向探索

用图钉进行方向组织训练

方向观察练习

1. 选择动物（马）作群体（10匹以上）进行方向组织。要求：用剪影及概括的方法。注意眼睛、脸部朝向与身体朝向的对比与统一之间的变化。4开纸1张。

2. 画一组人手持古代兵器（剑、枪）进行对打的画面。注意兵器方向、眼睛方向、脚尖方向、胸廓朝向的变化与组织。4开纸1张。

学生作业：方向观察练习

方向造成特异

空间中的方向组织

1. 椅子不同角度地摆放，让观者可以从前后左右各角度观察椅子的不同形态。

2. 箭头指示向，么知不同形态，前的箭头放在同一画面既既有月又有静，很有美感，动中有静，静中显动力。

3. 这是眼睛的组合，每只眼睛向不同方向观看，米道，也哪组，演者的视线向不同观者

4. 烧烤器的组合，集集前后，从不同方向的画展示给观众。

5. 笔盒的特写，不同样式的画笔，摆插其中，以横押画乱中有序

5. 用短粗放，字疏、组我的耳朵的图形，是周围短的主旋至疆有很很细，有淘动感，制走感

速写本上的方向组织练习

人物方向内容组织

方向组织构想

方向组织构想

幽默的方向组织

感受与语言 基础造型 2 把握物象的另一部分

四、课题四：节奏观察

观察个体物象或群体物象的轮廓变化、明暗变化、"点线面"变化形成的节奏规律，观察体验对象外在的节奏与对象内在的联系，观察一个生命物体的节奏变化，称为节奏观察。

看残荷还是听雨声

大家都爱听音乐，前二年好多同学腰上挂个随身听，两个耳机塞在耳朵里，骑在自行车上又背着双肩包，摇头晃脑地边听流行音乐边跟着哼，好潇洒的形象！这二年胸前挂个MP3，更显得精致漂亮。有时还会看到教室里一男生一女生合用一只MP3，一人塞一只耳机陶醉其中，好美好幸福！我想他们是被优美的音乐旋律、充满情感的节奏变化所感染。

节奏是音乐中的术语，表示音乐中交替出现的有规律的强弱、长短的动态现象。节奏不仅存在于音乐中，还存在于生活的各个方面。生活中各种动态物象的个体变化与群体变化的规律就是节奏。生活中各种静态物象的个体变化与群体变化的规律同样有节奏感，它们主要表现在物象的轮廓（形状）变化、明暗、色彩、"点线面"等变化中。这些节奏与内容相融合同样能发出动人的"音乐"，来感人肺腑！

有句古诗"留得残荷听雨声"，描写的是对雨打残荷的感受。雨打残荷的景象，我们在公园的荷花池或乡间的荷塘中偶尔也能看到。我想，有过亲身经历的人不仅会去听动人的雨声，还会去看池塘中一片片残荷的容姿，古人也是一样。我有好多次的亲身经历，也许是画画人的职业关系，在这种场景中欣赏的主要对象是残荷，而雨声只能算是背景。

残荷——向下垂的莲蓬、荷叶、荷茎、凋零的花瓣，一片片不同的向下垂的"点线面"是别样的。由残荷组织出来的节奏，散发着一阵阵的哀怨与浓浓的伤感。残荷的节奏敲打着人的心灵。

节奏观察的方向

A 节奏的分类

节奏是什么？很简单，就是变化及变化的规律。节奏来源于生活，它存在于生活的方方面面。从绘画角度来看，节奏可分两类，一是无形的，如：声音、气味、温度；二是有形的，有形中分动态的、静态的，种种节奏还分个体的、组合的。种种的对象节奏通过相互作用、相互比较而产生强弱关系，这些强弱变化依据观察对象范围的不同而不同，在一定范围内有其自身变化的规律。

B 有形节奏的特点

有形的节奏存在于动态物象持续的运动变化和瞬间的轮廓变化上、明暗变化上、空间变化上、色彩变化上；存在于静态物象的轮廓变化上、明暗变化上、空间变化上、色彩变化上。不同的变化规律既在形之中又在形之上，节奏演变为精神。在观察的过程中有意提取不同物象的节奏变化，通过比较，寻找差异性与相似性，目的是为造型语言中形与神的变通服务。

C 无形节奏的间接表现

无形的节奏变化对绘画来说是无法直接表达的，只能通过与无形对象有联系的形象、依靠人的生活经验联想出的形象产生沟通，这就是间接的传达。如何把握有形与无形之间的渠道，还需依赖于对万物变化及相互之间有联系的观察与体会，还需全身各个感觉器官来协助，再通过"内心"整理来达到观察的深度。无形的东西虽然无法看到，但仍可以听到、闻到、触摸到，有些还能用心体会到。

无形的节奏对象以声音最为明显、丰富，其他因变化小或周期长而弱。声音的产生来自各种对象，这些对象，有些是有形的，有些是无形的。有形的可以看

重复与变化产生节奏

赏荷听雨

群体建筑剪影展现的轮廓节奏

到也可以看不到,原因是被遮挡或遥远。无形的声音节奏变化是生活中的内容,它与有形的事物有着密切的联系(音乐艺术与造型艺术同样有着密切的联系)。各种声音的变化都会在运动中留下轨迹,如:尖锐的声音向上扬,沉闷的声音往下垂,声音短就感觉快,声音长就显得慢,这些变化可以用有形的抽象的线、明暗、色彩来记录。这些相应的、有变化的线、明暗、色彩通过用耳朵加内心的整理出来后就化为"可视的声音",再通过加工可上升为"可视的音乐"。把这些有各种感受的可视的"音乐"通过与节奏相似性的有情物象相融合来达到贯通,来强化用节奏塑造生动的形象。

一组树的剪影轮廓节奏

重复与方向变化

经验提示:生活中任何东西都不是孤立的,都与它存在的空间中的某些"东西"有着直接联系或间接联系,如风是借助树枝或尘土及其他吹得动的东西来表现自己;雷是伴随着闪电的速度、动态方向及由光造成的强烈明暗关系来传达;人的内在情绪可以从脸部的表情系统及形体动作表现出来。

节奏观察练习

1. 听音乐。a. 用抽象线条记录节奏变化；b. 用抽象明暗色调记录节奏变化。8开纸2张。
2. 寻找用各种物的节奏变化的形象来代替人的各种情趣及情感。8开纸2张。
3. 练习用各种形式的节奏语言来表现情感。包括：抽象的、立体的、材料的等形式。4开纸1张。
4. 观察某一物象的生命历程节奏变化。如：水仙、荷花。画出每个时期不同的富有情感的（人投射上去的）节奏变化。4开纸1张。
5. 观察运动中物体的节奏变化，记录时注意"骨架线"方向与重心变化。4开纸1张。
6. 观察静态物体，记录外在节奏变化。4开纸1张。

重复与渐变

用线组织节奏变化

■ 学生作业：节奏观察练习

生活中的节奏变化

生活中的节奏变化

重复与变化练习

重复与变化练习

重复与方向变化

重复与疏密变化

四种不同重复形象的组合

两种不同节奏感的组织练习

三种不同节奏感的组织练习

感受与语言 基础造型 2 把握物象的另一部分

用几何体组织黑白灰及外形的节奏变化

用几何体组织黑白灰及外形的节奏变化

用几何体组织黑白灰及外形的节奏变化

组织几何体明暗形象来产生不同的节奏

五、课题五：材质观察

观察、触摸体验各种不同对象的质感，观察探索各种笔触、肌理在画面上的反映，观察材质对人的心理的反映称为材质观察。

天珠

香格里拉是大家梦中向往的世外桃源，为了梦想成真一代又一代人翻越千山万水去寻觅。功夫不负有心人，在云南的梅里雪山下、属都湖边找到了这片和平宁静的天地。我也来到梦寐以求的香格里拉，亲眼看到有雪峰的大峡谷，参拜了金碧辉煌充满神秘色彩的寺庙，游览了被森林、花草环绕的湖泊，接触了碧绿的草原、成群的牛羊，还看到了镶嵌在一片美丽中的天珠。

天珠是藏民心目中的圣物，又是他们喜欢佩带的首饰。天珠的材质是一种矿石，质地非常坚硬，颜色大多为暗红与灰白相间，经加工后连成有花纹的彩珠项链和手链。听当地藏民导游说：天珠蕴藏着雪山的灵气，能消灾辟邪给人带来好运。

一般旅游购买当地的特产、纪念品是一个不可少的内容。云南靠近缅甸，盛产翡翠首饰，还有白族、藏族特色的各种银器、银首饰，再有各种样式的天珠。在香格里拉有许多商铺挂满了琳琅满目的珠宝首饰，让游人看了眼花。我挑选了一串天珠手链戴在手上，看着手腕上的天珠，脑海中泛起了一连串的疑问……最终又归为对材质内容的思考。

我从无锡乘飞机到香格里拉，途经昆明、大理、丽江，一路不断地和新鲜事物接触，登石林、爬玉龙雪山、草原骑马、游丽江古城、住五星级饭店、在藏民家联欢……丰富的活动，让我收获了种种感受，这当中有许多内容是由事物的材质激发出来的。材质从绘画这个角度来说不仅是质的不同和外在表现的不同，还有由材质形成的"形象"不同，这个形象是指具体物象材质的搭配形成的比例与对比关系。如：香格里拉的草原是由草、帐篷、牛羊、马匹、人组

在香格里拉属都湖畔

香格里拉的首饰

天珠首饰

成。再如：松赞林寺的顶是由金顶、蓝天、飞舞的乌鸦组成。也许是受大自然的启发，人在装饰自己的过程中也讲究材质比例、材质对比。从原始人佩带的贝壳到现代人的美甲，都是和衣服、皮肤形成大面积造气氛，小面积作点缀的形象关系。

天天和不同材质内容接触的人，对材质的感受不仅是视觉上的不同，在心理上还有不同的价值取向：金银铜铁、绸棉麻涤价值不同档次就不同。另外，人类对代表生命旺盛的材质表现的红光亮持有好感，相反，对无生命力表现的毛糙、暗淡、软弱会讨厌。材质的内容还受文化因素的影响，不同地区、不同民族对材质有着独到的见解。就拿天珠来说，它与玛瑙、翡翠、珍珠、钻石相比缺少珠光宝气，也没它们的价值高，但在藏民心目中是避灾驱邪会给人带来好运的宝石。

在松赞林寺

生活中任何物象内容中的一部分就是材质，就是这些材质和人不同的组合才会散发出特殊的气息。俗话说：人要衣装，佛要金装。衣服的款式、质地、做工、档次不一样就会改变一个人的形象。同样，用不同材料建造房子就会有不同的特色。大自然面貌的形成也少不了材质内容：大海由海水、沙漠由沙子、森林由树木、石滩由石头组成。

材质观察的方向

A 全方位地感受材质

同学们在以往长时间练习素描的过程中，对象的质感一直是观察描绘的重点，但仅停留在表现对象质感形象的像。这次训练要研究材质对造型语言形成的作用，挖掘材质深处的内涵。

用眼睛去判断对象材质的表现往往是不够的，在观察的过程中用手去触摸或用嘴、鼻、耳去体验，才能较全面地感受它们。你们有没有见过影视作品中用牙用耳来检验金币真伪的画面？现在辨别真假货币也要用耳朵。有些同类的对象通过触摸会感到微妙的区别，有些对象表象的感觉与体验后的判断会有截然不同的

表现不同材质的图画

感受。一只苹果是甜还是酸要亲口尝一下才能知道。

B　材质的表现

画面的笔触、肌理是表现材质的手段，又是画面材质的表现形式。不同的笔触、肌理会与自己的经验相碰撞，会与自然界某种质感相联系，会产生相同的质感。因而在画面上尝试各种特殊的、超常规的笔触、肌理试验，观察其反映也是质感语言研究的方向。

C　材质的语言

材质的等级观念是人类在生活实践中逐步形成的，当然，随着科技社会的发展也在发生变化。不同材质的等级具有象征意义，这些内容是形象语言的一部分。如：由不同材质产生的豪华、富贵与朴实无华，刚强与柔和等等。另外，有生命的物象其质的表现会有初期、旺盛期、衰败期，不同时期的外表形象会给人不同的感受并影响到其他物象，造成人对红光亮的东西持有好感（红光亮是本质的反映，会给人带来喜悦、兴奋），对毛糙、暗淡、软弱会产生伤感。为此，在观察过程中要注意不同材质对人的心理作用并化为丰富的语言词汇。

D　尝试各种新的方法

记得我初学画时，老师带我到某个剧团去画布景，作画时让我感到惊奇的是老师用丝瓜筋、抹布当笔画树、画石头，非常有效果。现在重提往事的目的是启发大家可以用其他工具来尝试当笔，在纸上探索各种"笔触"及观察各种反映。另外，拓印也是一种非常有意思的方法，它可把物体表面的自然纹理或一些物品表面的纹样转印到纸上。我曾经看过这样一篇报道：有个钓鱼者，每次钓到鱼，都要把这条鱼拓印下来，记录他的"战绩"。生活中人们创造出许多留下痕迹的方法，如：蜡染、印章。我们也可以创造新的方法来发现和感受新的笔触、痕迹效果与它们产生的感觉。

表现不同材质的图画

不同的质感产生不同的气息

经验提示：观察某一内容范围物象，材质与材质之间有一个比例的内容，以哪一种材质为主就会形成哪一种基调。再有，多与少除了比例上对比外，材质本身也是互相衬托的内容。对比分对比的强度和性质对比的差异，比例对比多少、大小的程度，性质对比、异类对比、同类对比。

材质是物象的一部分但不是全部，物象的其他部分发生了变化，质感也会产生变化。就天珠而言，原是矿石，经过加工后就融入了藏族文化。有些材质是大自然的造化，外表产生了变化给人的感受也不同，如：鹅卵石，再如：春夏秋冬变化的树木。因而，在组织形象语言时要注意材质和物象内容的有机结合，还可以用逆向思维的方法，有意逆向改变物象的性质来产生语言。

玻璃板拓印手法

绉纸手法

用钢笔组织各种笔触产生质感

材质观察练习

1. 采用各种手段、工具、材料等，探索笔触、肌理变化，然后剪成六种形状。8开纸一张。
2. 材质比例抽象处理与具象处理。8开纸各2张。
3. 材质逆向组织并产生语言。4开纸一张。

实物拓印手法

蜡笔加墨汁手法

用铅笔组织各种质感

用炭笔组织各种质感

利用两层不同材质纸的性能（一张纸有透明度）表现材质的内容

感受与语言 基础造型 2 把握物象的另一部分

■ **学生作业：质感的表现**

不同的事物不同的质感，用不同的形式来表现万物，在独具美感的创意上更具创造力和想象力。

065

第三讲

把握形象语言中的对立统一

由光线造成的明实暗虚

对立不斗争

对立统一是唯物辩证法的根本规律。大家都学过哲学，但今天我们研究的是形象语言（造型艺术）中的"对立统一"，有虚实、紧松、动静三个课题。它们之间"对立"但并不"斗争"，目的是为形象语言的传达服务，为美观服务，它们之间的对立实质是对比，是一种造型艺术的组织手段。虚实、紧松、动静存在于生活的方方面面，是生活现象，它又是为丰富形象语言，让人寻味的艺术处理。为此，需要通过观察通过研究，才能把生活与艺术糅合在一起，提升到艺术的高度。

一、课题六：虚实观察

观察生活中各种因素造成的"虚实"现象，观察生活中的"虚实"与绘画中虚实的联系，观察画面中"虚实"处理的反映称为虚实观察。

魔术师的化装术

暗部荫藏了细节

今天早晨的雾很大，眼前世界白蒙蒙的一片，远处的建筑只剩下了淡淡的轮廓，近处的树木变成了黑黑的剪影，来往的车辆开着车灯，只有身边的人群才能看清各自的面目。白茫茫的雾天是一种气候现象，一年遇到的次数并不多。但我每次遇到总感到有些兴奋，似乎进入了另一个世界，四周的一切似笼罩在纱幕之中，变得模模糊糊……这是大自然的魔术？

雾慢慢地消失后雨又下了起来，蒙蒙细雨中的树木与建筑似是而非，各色的雨伞、雨衣镶嵌其中，眼前的景象变了样。

夜晚黑幕降临，黑色把万物连成一体分不清你还是我，这时候的大自然又借助人间的灯光变化自己的晚装。在上班下班途中我欣赏着大自然的化妆术。

大自然是我们的老师，它有意通过演示各种变化来启发我们，让我们去思考，变得聪明而获得灵感。再看在晴朗的天气里，大自然又用阳光把万物化妆成

生活中一天的变化

"阴阳脸":一面受光,一面背光,还拖出一抹投影。亮部清清楚楚,暗部模模糊糊,真是变化多端,韵味无穷。大自然化妆术的奥妙就是"虚实",雾、雨、雪、黑夜、阳光等等仅是大自然化妆盒中的颜料。

虚实观察的方向

"虚实"是所有艺术的处理手段,而各种艺术有各自的"虚实"样式。作为视觉艺术来讲"虚实":一是形象塑造中"虚实"关系,二是形象语言传达过程中"虚实"关系,两者互相联系又互相依存。

A 绘画中的"虚实"

绘画中的"虚实"一般是指画面某一形象(具象)的清晰度和完整度,清为实模糊为虚,完整为实不完整为虚。对抽象的形象来说,外轮廓明确为实模糊为虚,色彩纯度高为实纯度低为虚,明度深为实明度浅为虚。这些"虚与实"程度不同,"虚实"也不同。从艺术传达来说,直接传达为实,间接传达为虚,省略为虚,详实为实。作为绘画来说,"虚实"除了是艺术处理手段外,又是艺术的外在形象,也就是说作为具象绘画中的"虚实"形象,它与生活中各种事物形象的变化所产生的"虚实"形象息息相关。

B 生活中的虚实

生活是创造画面"虚实"形象的源泉,生活中的万物在我们眼中产生"虚与实"变化是由事物周围的种种外在因素造成的,要把生活中各种因素造成的"虚实"现象作为我们观察的一个专门的方向。

第一,生活中的物象因受气候的影响产生"虚实"形象。如雾天,万物像蒙在厚厚的纱幕之中,能见度极低而造成"虚象"。但雾天也有相对明确的"实象",在一二米之内的景物的外形与远处雾中形象相对比之下形成的深色的剪影称为"实"的形象。雪中、雨中都因能见度低而产生相似的"虚实"形象,而因,能见度有差异,"虚实"形象之间也不同。

第二,受时间的影响产生的"虚实"形象,如:清晨、傍晚,万物如披

画面的虚实处理

由水造成"虚的形象"

由光线造成的虚实

上了薄纱,物象的内外轮廓因模糊不清而变成"虚"像,反之白天的物象就是"实"。到了晚上又似乎被染上了黑黑的颜色,如果没有灯光、月光,万物似乎就会消失(在月光下近处的物体还能辨认)。这种"虚"像与上述"虚"不同之处就是色调变深。

第三,受各种强光线的影响造成物体的"明实"(受光面)"暗虚"(背光面)两种现象,强光主要指白天的太阳光及晚上的室内灯光。物象的受光部分因形象内容清晰而显得"实",背光部分因模糊不清而显得"虚"。

第四,物与物对比之下形成的强弱关系产生的"虚实"形象,如物象之间的色彩相比,鲜艳颜色强而"实",灰色弱而"虚";色调明度深浅相比,深强而实,浅弱而虚;物象之间的距离相比,近而强实,远而弱虚。

第五,物与物之间主次关系形成的主实次虚,对象的主次是由人而定,当人的视点落在主要的内容上,周围的其他物象会相对模糊而变得"虚",这是由人眼的因素造成的。

第六,由人的眼睛的视力造成"远处"的东西看不清而虚,近处清而实。由透视关系中的近大远小形成了近实远虚。

C 遮挡造成虚实

另外,物体的完整形象和非完整形象能产生"完整"实和"非完整"虚(不完整程度越低就越显得虚)之感。生活中的非完整形是由另一物体或几个物体遮挡某个物体造成的,遮挡的程度越高物体的特征就越弱,观者难以辨别,就会产生虚的感受。

D 心理上的虚实

还有,心理上对生活中那些松、软、轻的东西感觉为"虚",对紧、硬、重的东西感觉为"实"。

上述种种"虚实"都有一个外在的形象。而人在生活中,人与人之间的关系、人与社会之间的关系、人与自然之间的关系所产生的"虚实"感觉是由我们用心感受到的,与上述的"虚实"内容有区别,感觉的方向也不一样。它是间接地从人的行为动作、语言表达、身体状况等，把人内在的"虚实"表达出来。如，通过一个人的工作态度、待人接物感觉人的"老实"和"虚伪"；通过人的言谈话语察觉人的"谦虚"或"实在"；通过身体状况可反映人的"壮实"和"虚弱"等。

由遮挡造成的虚实

经验提示：生活中的"虚实"形象是通过观者的比较产生的，一是通过所看范围互相比较产生"虚实"形象。二是通过不同时间段观察对象由某种因素产生的形象，然后进行比较产生的"虚实"形象。生活中人的心理感受到的"虚实"，也是通过比较产生的，不过比较的尺度、内容不一样，形象的"虚实"主要以清晰度、强度、完整度为比较内容；而人的虚实心理的"感受"是以道德标准、价值观、世界观来衡量人的行为动作的"虚与实"，这种虚实的外在形象可以是"实"也可以是"虚"，传达是由形象的内容来决定而不是外表，因此有别。

由不完整造成的虚实

E 虚与实的组合

生活中物象的"虚实"形象是由各种因素造成的，这些因素自身也有形象，所以物象的"虚实"外表是一个复合的形象。不同的因素与某物象相结合，形象不同感觉也不同。不同的物象与同一因素相结合，形象不同感觉也不同。如雾加某东西，烟加某东西，雨加某东西等，对某东西的感觉就不一样。作为物象来说它们生存在各种能让它们产生"虚实"形象因素的环境之中，变化是丰富的、感觉是无穷的。从观察"虚实"的角度来说，我们的重点：一是各种"虚"的形象变化。二是各种"虚实"组合变化。然后去捕捉它们所产生的感觉，如同样一个少女形象，她和黑夜结合，感觉像是个幽灵，而和雾结合就似仙女。

"虚"造成对象模糊不清，使许多内容"消失"，有时甚至物象局部的外轮廓也"消失"了，并与另一物的外轮廓相连，产生一个"新"的"陌生"形象。

人心理上的虚实

模糊不清的"虚"形象因它的不确定性，往往让观众的想象扩大，联想的方向也会有种种变化。

F 虚与实的比例

生活中因"虚"的因素不同、程度不同，产生的感觉也不一样。一般来说，生活中的"虚实"形象总是互相组合在一起，有虚就有实，但因受不同因素的影响，在某个内容范围内"虚实"就会有不同的比例、不同的对比强度。

1. 光照射下的明（实）暗（虚），因光源方位不同，明（实）暗（虚）形象的比例也不同。

2. 光源强度不同，物象明暗对比强度不同，虚实对比的强度也不同。

夜间的虚实形象

> 经验提示：物象的虚实变化和物象的自身变化，与通过"运动"观察获取的形象变化相比有其特殊性，因物象的"虚实"变化是依赖于外界各种因素而形成的，似乎是大自然对物象的"艺术再加工"，有意让画者获取灵感，为此古人云"师法自然"。种种"虚实"的变化会产生种种不同的感觉，感觉是产生形象语言的基础。

G 画面的"虚实"处理

画面的"虚实"与生活中的"虚实"是有区别的，它是由无数的艺术家通过绘画实践获得的经验、形成的艺术手段及造型方法，而生活中的"虚实"是一种现象。画面有其自身的特殊性。如画是有尺寸的，展示的范围有限，从而产生了画内画外的两者关系，同时又产生了画内是"实"，画外是"虚"。画内与画外是相互联系的，通过画面的某个物联想到画外的另一物，或从画内局部连接到画外的部分，这就是"虚实"相生。画面是由画者来主宰，舍取自由。中国画中常见的有画鱼不画水的画面，水由观众来联想。这种图像为"实"、空白为"虚"的处理，"虚"不等于无，其除讲究通过图像的联想"填补空白"外，还把"空

白天的虚实形象

感受与语言 基础造型 2　把握形象语言中的对立统一

由光线造成的虚实

由光线造成的虚实

传达上的虚实与联想

传达上的虚实与联想　　传达上的虚实与联想　　传达上的虚实与联想

白"看作空间。画中的图像与空白各占的面积形成的大小比例，产生的挤、满、空、灵从而化为语言。另外图像的外形分割画面（空白处）后产生负形及负形的变化与组织形成趣味，因此"虚而不虚"。

H 直接、间接、详实、省略

绘画艺术因自身的局限性而对生活中那些无形的"东西"，如声音、味道、风、人的心理活动等只借助于其他形象间接地表现出来，为此直接表达为实，间接表达为虚。生活中有些内容可以用某形象直接表达，也可以用另一形象间接表达，但画面的效果却不一样，如结婚，可以画以人为主的喜庆场面，也可以画贴着窗花和喜字的窗加上一对飞舞的喜鹊，那种以场景为主的画面。生活中还有些有形的东西因不雅，与人的审美标准不符合，只能用间接的手段来表达。再有画面的容量及内容的主次关系，需要主要内容表现详实次要内容省略，因而详实为实，省略为虚。

I "虚实"技术

画面中用来塑造形象的"虚实"是由技术因素造成，它包括工具、材料及各种不同的绘画技法。这些技术，一是靠继承前人的技术，二是在实践中产生新

由明暗、笔触处理的虚实变化

由明暗、笔触处理的虚实变化

由线组织产生的虚实变化

技术，三是生活的启发产生新技术。技术应通过一段时间训练才能掌握，技术是保证艺术样式存在的前提，是产生形象语言的必要条件，但艺术和技术是融为一体的东西，不能割裂开来。无论是艺术处理中的"虚实"，还是塑造形象的"虚实"，都离不开对生活中"虚实"形象的观察。

> 经验提示：生活中形象的虚实到心灵感受的虚实是艺术形象（美术）的艺术虚实之源，为此把它作为一个观察内容是有价值的。画面中的"虚实"处理及具体造型上的虚实处理虽然可以从前人那里学到，但归根结底还是在于生活。观察生活中的"虚实"目的是不断向生活汲取营养。作为美术来说，"虚实"既是一种艺术的处理，又是塑造形象的一种方法，它们是产生艺术语言的重要手段。而"虚实"对具象绘画来说都要体现在具体的物象上（抽象的东西也要与人的心灵的内容相吻合），生活中的物象本身存在"虚实"形象，生活本身也存在"虚实"的内容，而"虚实"作为艺术手段，它的任务不是模仿生活，而是巧妙地与生活相结合并化为艺术语言。

由明暗、笔触处理的虚实变化

由画面切割造成的虚实变化

由画面切割造成的虚实变化

■ 学生作业：虚实观察练习

虚实观察练习

1. 观察由气候条件造成的各种"虚实"形象。用相机拍摄。
2. 观察由时间造成的各种"虚实"形象。用相机拍摄。
3. 观察各种强光线造成的明实暗虚的各种形象，观察物象之间对比下形成的强弱关系所产生的"虚实"形象。用相机拍摄。
4. 观察物与物之间主次关系形成的"虚实"形象。用相机拍摄。
5. 观察物与物之间因遮挡而形成的"完整实"、"不完整虚"的"虚实"形象。用相机拍摄。
6. 通过观察积累，把某个对象与周围不同的"虚实"因素进行组合练习，要求产生不同的感觉。8开纸1张。
7. 通过观察积累，组织虚实比例不同的画面。8开纸1张。
8. 画面"虚实"相生处理练习。题目：抓小偷。8开纸1张。
9. 用漫画手段，把生活中观察到的人的行为、动作的"虚实"表现出来。8开纸1张。

以虚为主的调子

由画面切割造成的虚实变化

烛光下的虚实形象

感受与语言 基础造型 2 把握形象语言中的对立统一

用不同材质处理虚实

由光线造成的虚实

选择不同的对象处理虚实

由光线造成的虚实

077

运用明暗的虚实变化进行素描创作

运用明暗的虚实变化进行素描创作

运用明暗的虚实变化进行素描创作

运用明暗的虚实变化进行素描创作

二、课题七：紧松观察

观察体会生活中物象自身以及物象与物象之间的紧松变化规律，观察画面中的笔触、形状等组织中紧松变化的反映，观察和体会生活中不同内容形象的紧松变化、紧松比例与对比造成的感觉，称为紧松观察。

紧与松

蝴蝶结

紧松是生活中常能见得到、体会得到的内容。如：在座的有几位扎辫子的女生一定最有体会。每天对着镜子梳理着松散的长发，然后用发圈或发夹把头发扎紧造一个"马尾"样式。还记得我小时候看见过姐姐、妹妹梳着长长的"麻花"辫子，发梢处用丝带打个蝴蝶结，前流海松松的，辫梢也松松的，其他部分却是紧紧的，很是欣赏。扎辫子的蝴蝶结属"活结"，它既能扎紧辫子又容易解开，造型还好看；打开蝴蝶结让长长的头发松散下来，女孩们面对镜子审视着梳理头发的变化，这是多么入画的形象啊！

我猜那些梳短发的女生以前也曾经梳过辫子，也有紧松的体会和视觉上的感受。请问：为什么要剪短发？

回答：怕麻烦，省事。

头发是我们形象美的部分。再问：怎样的发式好看？

回答：自己喜欢就好看。

对！美感是有个性的，在座同学的发型各式各样，但也有受时尚影响而相同的发型。有紧紧的、松松的、有紧有松的，不同的紧松变化，你们看了有什么感受？

紧松观察的方向

生活中人们对"紧松"的感受与认识有各种各样。如紧身衣的"紧"，宽松衫的"松"，它们的"紧松"是指衣服与人的身体之间空隙的大小及身体对紧身

发型变化中的紧与松

紧松变化示意图

衣与宽松衫的反应，与因衣服的大小穿在身上产生不舒服的紧与松是两种不同的感受。再如把两根绳子打个非常紧的结，这种紧会延伸出"牢固"之意。居住的环境因空间大会觉得宽松，会产生舒畅之感。因此，不同对象的紧与松，生理、物理、心理的感受是不一样的。生活中的紧与松有它们外在的表现样式可被我们的双眼发现。把生活中有紧与松内容的对象作为观察的一个重点，可称为"紧与松观察"。

A　紧与松的一般含义

1. 物与物之间空隙少、无空隙就会显得紧，相反就会显得松。
2. 物体在运动中遭受阻力和对抗力时会显得紧或产生紧，相反会感觉松。
3. 物体的质感柔软，分量轻，会显得松，重而硬的东西就感觉紧。
4. 运动中的物体速度的快会显得紧，慢就显得松。
5. 物与物之间的运动方向、力的方向往中心或一点靠近时会显得紧，相反会显得松等等。

B　心理的紧松内容

心理感受同样有许多，如：工作的性质和强度会决定工作状态的紧张程度，休闲的内容决定状态的松弛程度，人与人之间的融洽和不谐调造成关系的轻松与紧张，生活节奏的快慢造成紧张与松弛等等。为此，生活中有各种各样"紧与松"的形式或形象是我们观察的对象。

C 画面的紧松内容

生活中的"紧松形象"需经过画者的手才能转化为画面形象，所以画面的紧与松形象的形成需要技术来解决。技术是在画面实践中产生的，在实践过程中用比较的方法来观察画面上的各种反映，从中把握紧与松的形式语言。一般来说画面上产生的紧与松同样与生活中物与物相应的有一个形与形空隙之间有无和大小的内容，其不同之处在于画面形象与画面边框的连接会产生"紧"，相反会产生"松"。画面所指的形象除了模仿生活中的形象、想象出来的形象，还应包含抽去内容的外在形式，如：点线面、明暗、色彩等。而画面中形象产生的动感、阻力、对抗力、轻重、软硬、快慢及运动方向等都是通过技术手段产生的"幻象"，由这些"幻象"造成画面的"紧与松"感觉。

D 制造紧松的技术

从画面上看，造成画面"紧松"感觉的技术因素有以下几点：

1. 手的动作变化，工具与纸的性能变化，造成画面的紧松。一般来说手的动作相对快，手势轻松，提多按少，手中笔杆作倾斜状，这样产生的笔触浮于纸面，感觉就会飘动而轻松。相反，手势紧而重，速度慢，手中笔杆呈垂直状，按多提少，笔触与纸面咬得牢，感觉就会重而紧。

2. 各种纸（材料）、工具的性能不同，产生紧与松。如：笔中所含水分的多少，在纸上运行的快慢会产生紧与松，如：中国画中的生宣纸反应最敏感，过于湿的笔，因渗化造成笔触的松；含水分少的笔在纸上运行快，纸的吃水量少，而产生枯笔，感觉也会松动。再如：画素描的铅笔有软硬之分，硬笔画出的线条易咬住纸面，线条感紧，软笔则相反。当然软笔在手中用力大，线条也会咬紧画面，这是力的作用。笔在手的动作下形成的画面上的线条、笔触，能记录手运动的快慢，当然这种快慢无法用精确的时间来认定，但通过画面上不同线条的比较，能判断谁快谁慢。表现轻与重的形象时，一般用深色调来处理重量，但浅色调中，通过浅色笔触反复重叠，也可产生重量。另外，重量产生的主要因素是腕力和臂力在绘画过程中使用力度的大小，用劲按下的笔痕容易产生重量，那细小

生活中的紧松

紧松变化示意图

的笔触需要内力才能产生重量，相反就"轻"。

上述这些形成的松紧、轻重、快慢，都与手的动作、工具、材料相关，需在实践中将三者相结合，并通过各种相应的变化来发现。在实践中我们还会发现，画面各种形象组织中产生的紧与松关系，如："面"形象重叠会造成紧凑感，面与面之间没有空隙会产生"紧"，面的边缘线简洁（倾向于直线）会显得紧，反之会显得松。"线"形象相互交叉连接显得紧，线与线之间不相连接，线的运动方向不往一点集中会显得松。点与点之间意相连、"气"相连、点形的统一、运动方向的一致或向一点集中会显得紧，相反会显得松。另外，被画的主体形象所占画面面积小，画面会产生空灵松动，相反或"超出"画面（被画面遮挡）会显得"紧"而膨胀。

E 紧与松的布局

紧与松对于画面来讲是一种对比关系，对比程度不同，形成画面的不同紧与松节奏，哪里需要紧哪里需要松成为服务于内容与形式的画面布局。从画面的构成样式来看可分中间紧、四周松，上紧下松，下紧上松，右紧左松，左紧右松，或紧松相间，或以松为主，也可以紧为主。形式是为内容服务的，可依据不同的内容任意变化紧与松的关系。

F 紧松的对象与比例

对于具象绘画来说，画面上的紧与松都要有自身的载体，与生活中某一物体感觉相一致，如：画面上蓬松的草地与生活中的草地的感觉相同。生活中有无数不同物象组成的种种不同的紧与松形象，为画面提供了紧与松的内容和可选择的紧与松的对象。生活中的不同片段其紧松关系的比例会不同，所产生的感觉也不同，如一片草地加一群羊，屋顶的瓦群加一只麻雀，工地上的金属脚手架加松软的泥土等等。为此在观察紧与松的过程中还有一个比例内容。

G 物象的紧松变化

生活中的物象因受某种因素的影响紧与松也会变化，如雾天的物象会显得松，冬天掉了叶的树与夏天茂盛的树相比也显得松。这些变化会给我们带来更

人物像砖似的紧贴在一起，花灯松开的处理

幽默的紧松形象

丰富的紧与松的感受。作为画者自身来说，可凭自己的意愿在画面上重新组织和处理形象的紧与松关系。"紧松"本身存在于生活中，它又是塑造形象的一种手段，当画者驾驭两者的关系时，必须把握住你要表现的意境和情感。

经验提示：紧与松的变化会形成一种节奏关系，能为情感服务。"紧松"与情感之间的关系很难用语言讲述，一般"紧松"都要落实到具体的形，点线面、明暗、色彩及被描绘的具体的物象身上，它们之间不同的紧与松组织传达的意思方向也不同。如松动的线条会产生跳跃、热闹，但也会产生衰败、冷落等感觉。紧与松落实到具体的形象上所产生的语言会更丰富，其原因在于组织紧与松的各种不同材料及画者手的动作等因素的辅助。因此我们为了把握住"紧松"为造型服务这一目的，需在观察中捕捉生活中的紧与松形象，在绘画实践中观察画面中种种紧与松反映，并总结画面中产生的种种"紧与松"的经验，通过这些来提高我们的造型能力。

画面的紧松组织

用松动的笔触营造气氛

紧松组织

紧松试验记录

尝试线的紧松表现

紧松观察练习

1. 观察物与物之间的空隙、阻力、对抗力，软、硬，轻、重，快、慢方向的集中、分散造成的紧松关系。用相机作记录，数量不限。
2. 观察生活中紧松对象的组织及产生的各种感觉。包括：内容组织、比例组织。用相机作记录，数量不限。
3. 尝试各种工具、材料及手的各种动作变化（轻重、快慢），观察笔痕的松紧关系。作业数量不限。4开纸1张。
4. 练习各种画面结构、布局的各种紧松关系。4开纸1张。
5. 练习画面中各种"点线面"组织所产生的紧松关系。4开纸1张。

用"紧松"语言来传达心理的"紧张"与"松弛"。题目：（1）危险；（2）郊游；（3）舞会。4开纸1张。

紧松试验记录

紧松试验记录　　　　　　　　　　　　紧松试验记录

■ 学生作业：
瓶子的松紧变化

瓶子与瓶子、松与紧的变化，通过观察我们用纸记录下来，体会其细节不难发现很多趣味之处。

感受与语言　基础造型 2　把握形象语言中的对立统一

用相机记录紧松试验

紧松试验记录

紧松试验记录1

紧松试验记录2

紧松试验记录3

紧松试验记录4

紧松试验记录5

三、课题八：动静观察

观察生活中各种动静现象，观察生命物体运动变化的规律，观察非生命物体的运动变化规律，观察静态物象产生动感的规律，观察画面中各种形态产生动静的规律，称为动静观察。

动与静

夜晚的闹钟

不知同学们是否喜欢听夜间闹钟的"滴答"声，或夏天青蛙的"呱呱"叫声，或秋天草虫的"唧唧咀咀"的鸣声，我家住在梁溪河畔，夜晚时常有货船发出"吧吧哒哒"的马达声，这些声音听惯了就成了一种催眠曲，宁静的夜晚有了这些声音才显得宁静、协调。

声音是物体运动无形的轨迹，无声的静是物体运动的间歇状态，是另一种表现。动是生命的特征，不同程度的动表示了生命的旺盛或衰弱。无生命的物体在外界各种力的作用下也会动，会发出声音，会产生生命感。

在我们眼中有生命物体的静止状态和无生命物体的静止状态，因它们"重心不稳"（视觉上的重心不稳）或轮廓的弯曲或动的意念（动的联想），物体的形象会产生动感。不同事物不同程度的动静表现从形式到内容是丰富形象语言的材料。动静是造型艺术中的一对矛盾，通过动静相互对比、相互衬托使动静相生是一种艺术处理手段。

荷塘蛙声

动静观察的方向

A 动感的产生

绘画是静态艺术，它所展示的任何运动中的形象都是静止的。一幅描绘人的

人物的动态变化

走路姿态或跑步动作的人物,不会向前动一步。唯有"卡通画"在专门的技术及媒体的作用下,才能使画中的物象真正"动"起来。但静态的绘画艺术却能产生"动感"。一幅有"动感"的画,似乎就有了生命。

绘画中的"动感"是画者制造的一种"幻觉",它又是观众的一种视觉经验的反应。生活中人依靠自身的感觉系统不断地感受世界和认识世界,世界万物的变化由眼睛搜集,储存在头脑之中。每当观众发现画面某个形象与头脑中的形象相近似时,就会作出判断与联想。因此,"动感"是由画者有意设计的,又是观众的视觉经验赋予的。但是,一幅画中展示的某一种特指动态形象如果和观众头脑中的"那个形象"不一致,交流就会有障碍,就不会产生所谓的"动感",观众就会说"画得不活"。

B 动物动感的产生

一般而言,动物动作可分为局部运动、全身运动、轻微运动、剧烈运动。在观察过程中要选择一个某瞬间的、有代表的动作形象,然后去捕捉。

第一是要把握动作的意图。

第二是要把握动作的方向。

第三是要把握可动部分的方向组织及组织形成的造型。

第四是要把握运动的重心变化及幅度的大小。如动作微妙、变化幅度小,重心变化也小;运动剧烈、动作幅度大,重心不稳。

C 静物动感的产生

"动"是一种生命的象征。生活中有些有生命的物象(植物)在短时间内无法看到其动态,它的表现是静态的,而这些静态的东西在人的眼中却也充满着"动感"。生活中那些无生命的东西静止地摆放在那里,有时视觉中会感觉它们在"动"。这是我们在观察过程中对静态对象如何产生"动感",进行研究的一个内容。静态物体产生动感的主要因素是人对其认识后所产生的一种"动"的意念,并投射在被观察的物体上。如像植物一类有生命的物体很难看到它自身在动,但因认识到它们是有生命的、会生长的东西,就会意识到它们

> 经验提示：生活中人对自身的动态变化最熟悉，人的一举一动一般都会传达出某种意图，而完成一个动作是有时间性的，从开始到结束，有一个变化过程。而作为绘画展示的仅是一个瞬间，选择哪个瞬间的动作形象，能否正确地传达出动作的趋向及意图，成为画画人观察及造型的一个内容，我们将在人物可动观察中研究。

能动，从而产生"动感"。那些无生命的静态物体，有时受外界力的影响也会动，从而在感知它能动的人眼中也产生"动感"，这是由人的视觉经验产生的心理作用。但静态物体产生"动感"在视觉上还需有以下条件：一是其重心及形象重心不稳，二是形象的轮廓线及线形象弯曲多或变化方向多。与此相反就会产生一种静态之感觉。

    D 动静相生

动与静是一对矛盾，又相互统一，"动与静"感觉的产生需要两者间的配合才能相生。在相互配合的过程中有一个比例多少的问题，一般说谁占比例多就倾向谁，如静悄悄的夜晚加上走动的时钟的配合，会显得更宁静；迸发的泉水中配有静止的石块，会显得动感强，速度快。

    E 静感的产生

静是一种美感，是生命的间隙状态；静是人的一种生理需要，又是一种精神需要。在视觉上一般以水平状最为静止，其次是垂直状，再次是缓慢的沉重的形

人物的动态变化与造型关系

动静的产生与对象、对象的变化相关

生活中人物最有生气

充满动感的人物画

态感觉为静,变化统一简洁的形象靠近"静",黑色、白色、灰色接近"静"。而生活中的形象形状、形象的色彩都是千变万化的,用形象语言传达"静态",相对"动感"来说要难些,为此画者在观察过程中需戴上有色(专业)的眼镜来进行整理,再经过技术加工才能制造出传达"静态"的形象。

F 动静与有声无声

静还有其另一种含义——无声,相反"动"延伸出"闹之意"。而无声并不等于不动,动也不等于有声。对动与静的理解,既有其对象的原因,又有人对其的心理作用,这两点对于画者来说是非常值得注意的。一般说以人为对象或与人有紧密结合的对象只要"动"就会显得热闹,如一群人与一片树木相比较,是人闹而树静。又如:在一幅人多或动物多的画面上就会有热闹的气氛,相反一幅无人或无动物的画面就会显得宁静。人对画面的各种反应是生活经验的反映,动与静的感觉也是如此。对黑夜,睡着的人的感觉是静,对舞厅、麻将室的感觉就是热闹。生活中的形象对于无声的绘画来说在传达动与静、有声与无声的内容时起着作用。但人对于抽去内容的形状、色彩、明暗、空间等也有视觉上的感受及心理上有动静的反应,如:水浪形成的曲线形象转嫁到其他物体的外轮廓线上,人们就会对这种弯曲的形或线有"动感"的反应。上述这些动与静的内容,作一个观察方向,称之为"动与静观察"。

> 经验提示:画画人在观察"动与静"的过程中,必须了解画面上所产生"动与静"的要求及因素,这样就会以一双专业化的眼睛去捕捉动与静的形象。在这个过程中,有一个观察认识到绘画实践,再到学习借鉴他人作品经验的反复,直至提高造型能力及传达能力的过程。
>
> 在绘画实践中,我们会发现笔触的快慢、柔和、强烈与画面的形象融合对产生动与静有着直接的关系,因此在绘画过程中对画面的各种因素反映的观察也是重要的环节,此内容属制作范围,在此从略。

■ 学生作业：让手套动起来

似动物画的书包

感受与语言　基础造型2　把握形象语言中的对立统一

> ### 动静观察练习
>
> 1. 画一组被风吹动的东西。8开纸。
> 2. 用砖的形象来组织动静两种感觉。8开纸,两个画面。
> 3. 用明暗语言表现宁静的夜晚。8开纸。

让手套动起来

感受与语言　基础造型 2　把握形象语言中的对立统一

让手套动起来

第四讲

形象语言中
的组词组句

夏天的墨镜

戴有色眼镜的画家

墨镜

"此情无计可消除，才下眉头，却上心头。"这是词人李清照《一剪梅》中的结句，是描写相思之情的点"睛"之笔。"从下到上，从眉头到心头"八个字写出了真切的感受，描绘出了生动的形象。诗人词人们锤字炼句反复推敲，除了声律、文采与内容匹配外，我认为主要是诗人词人们心灵与生活的融合。下对上，才对"却"，眉对心，它们之间的组织都是从生活中来，是作者自身的体会、观察、感受的结果，有了生活，形式的作用才能发挥，当然具备诗的形式知识才能把生活与诗的格式巧妙地结合起来。

形象语言与文学语言相同，要通过组织单词创造生动的句子，通过组织句子创造生动的文章。如何来组织？归根到底还是生活，要向生活索取。造型艺术通向生活有自己的渠道。

夏天，大家喜欢戴墨镜上路，墨镜的镜片有多种颜色，绿色、茶色、蓝色、淡紫色等，戴上了墨镜眼前的景象就会"变色"。美术知识就是有色的墨镜，只有戴上"墨镜"才能从生活中看到符合造型艺术要求的生动感人的形象和形象组织，这是用形象语言说话的基础。艺术不是照搬生活，艺术应该高于生活（艺术家对生活的提炼上升到艺术境界），高的具体何在？在于处理组织的个性化、趣味化。个性化绝对不是脱离生活的自我表现，是"我"对生活的独特感受，是"我"的心态、爱好、知识结构与生活连成一体而形成的形象趣味，从形式到内容形成机趣、谐趣、意趣、理趣。

一、课题九：抽象观察

用"专业眼光"去剥离生活中物象的外表，去观察生活中符合绘画要求的生动"绘画形象"；用"专业眼光"去观察生活中物象的形式内容，用"专业眼光"去观察生活中物象形式内容的独立性与特殊性，称为抽象观察。

X光照片

不知同学们有没有看到过X光照片，我想曾摔坏过手脚的同学肯定见过。X光拍出的手脚形象照片是看不到人的皮肤、肌肉的，看到的是手和脚的骨架。我曾听说过也有具备类似X光功能那种特异功能的人，他（她）们能用肉眼穿透衣服、皮肤等，看到别人看不到的人体骨架、五脏六腑，并为此而惊讶，但我并不相信。我却相信画画人具备了一双"透视眼"，能看到别人看不到的东西，能"抽象地看"。

抽象观察的方向

画者从观察到画的过程中，自觉地进行着一种特殊的抽象实践。如在"线条观察"中抽取了对象的"线的部分"来进行"线造型"就是一例。所谓抽象观察就是指在观察过程中抽出对象的某个方面进行重点的观察研究。

A 抽象观察的过程

画者的抽象实践活动是由低级向高级发展的，低级阶段是纯感性的，只是把对象"像线"的部分取出来进行造型。从另一角度来讲，线造型的低级阶段是由某种工具的局限性造成的，这种抽象活动是在下意识中进行的。随着实践量的增多，画者对工具、材料及手的动作等多种因素作用下所产生的不同线条及对不同线条所产生的感觉等经验的积累和总结，上升到对线的"理性认识"，"线形象观察"有了质的飞跃。如图A是用钢笔线画的杯子形象，画面上线条的轻重是由一种下意识产生的，但轻重的线条所产生的视觉信息是画前没预料的，因而获取了对线的新认识。图B是掌握了线条粗细、快慢能产生重量、质感的经验，然后去观察描绘的不同对象所产生的画面形象。图C是积累了实践经验、线描知识后所描绘的对象，画面中的线条不仅是圈画对象的轮廓、描摹对象的"线形象"，还是去完成形式内容的任务——1. 对象形的组织任务；2. 负形的组织任务；3. 线的组织任务；4. 线条的自身形象等等。随着经验和知识的不断丰富，观察和描绘水准会进一步提高。

形状的大小对比，线的强弱对比

线的组织变化

图A

图B

图C

包的形状与线组织

　　具备了线的知识再去观察，这时的观察从开始到观察结果，整个过程是理性的。因此，美术中抽象观察的特殊性就在于观察过程中要求画者对美术知识的掌握并具有一定的绘画经验，这样才能把对象的内容暂且搁在一边，而去看"绘画化的形式内容"，如不同的线、不同的线组织、不同明暗、不同明暗组织及色彩、形状、体积、空间等等。所以美术观察必须与美术知识、美术实践相结合，也在于观察、知识、实践反复交替，从而提高美术观察能力。

B　绘画形象的特殊性

对于一幅画来说它是包含许多内涵的一个整体，它的构成有其自身的规律，是区别其他的标准。绘画不是对自然的模仿，自然界万物要成为绘画形象，必须要按绘画的要求加以改造。绘画形象不再是对象，对象仅是绘画艺术的载体，为此要把对象转换成绘画形象，在观察过程中应拥有美术知识和经验，戴着"有色眼镜"去看，才能为后期创造绘画形象打下基础。绘画中各种画种有其各自的要求，上述"线条观察"是线描画种的要求（其他画种也需要"线形象"），明暗素描有其自身的要求，水粉、油画、国画等都有其自身的要求。

图A

C　抽象的目的

当我们把对象的内容搁在一边，单去看对象的形式内容的部分时，其目的：

一是为对象的内容服务.

二是为画面意境服务。图A是一片树林中露出一扇窗，窗内躺着个睡觉的人，这是幅夏天午睡的景象，此画为了表现窗外蝉鸣的感觉，树叶的"点形"就不仅是表示树叶，而是通过树叶"点"的轻重、方向的聚散、树枝的"线"扭动、窗的"静态的方形"的衬托，把动（蝉鸣）与静（午睡）的意境表现出来。

图B

三是为画者的情感服务，以兰花为例，其自身并无情感，而图B中的兰花，是一幅风雨中摇曳的兰花，它充满了激情的感觉，此感觉是来自画家的情绪，画家通过被狂风吹动兰叶的"线"来寄托自己的情绪，也就是画者在看到一组快速运动兰叶的"线"时，也看到了自己的情绪在激荡。

D　内容与形式的矛盾

在抽象观察中我们发现，当你抛开对象内容去观察"部分"时，"部分"会产生新的含义，如静止的窗帘，单独去观察，它的"木耳"边的"线形象"会产生动感，也就是说对象的内容与"部分"传达出来的意思会不一致，这就为丰富形象内容创造了契机。再如：一个人物外表漂亮，内心却险恶、肮脏，如何来表现看不见的内心呢？可以通过"与内心相联系的部分"来体现。图C就是用一种反常光线、灰暗调子来描绘这种外表与内心相违背的内容。

图C

重重组织

抽象观察练习

1. 把观察对象的内容搁在一边，去看对象的形式内容是如何组织的。提示：线的组织、形的组织，明暗、空间、色彩、虚实、紧松、轻重、快慢等组织。8开纸3张。

2. 观察内容与形式之间的关系。（1）服务性，统一性。（2）矛盾性，多意性。4开纸1张。

3. 练习形式为内容服务。（1）用线的静、动，快、慢，长、短，粗、细来表现某个内容。（2）用某种明暗语言来表现明暗内容，用某种空间语言来表现空间内容。4开纸1张。

4. 练习静止的内容形象用某种形式语言产生动感。4开纸1张。

5. 用不同明度的外形来传达一种情感。4开纸1张。

渐变与秩序

感受与语言 基础造型 2 形象语言中的组词组句

隐藏着有趣的人形

对色调、重复、变化的理解

■ 学生作业：抽象观察练习

对称与变化

经验提示：抽象观察的意义在于当我们去观察研究对象内容的同时，还要去认真观察"绘画化的形式内容"，这是作为一个画家、设计家必须具备的素质，这素质必须通过抽象观察来培养。

点线面、黑白灰组织

近似形的构成

几何体构成

黑白构成

黑白构成与包围性结构

黑白构成

感受与语言 基础造型 2 形象语言中的组词组句

近似形的构成　　　　　　　　　　线的疏密组织　　　　　　　　　　笔触肌理组织

用裁剪的手段训练画面的形式构成

二、课题十：人物可动观察

观察人体各个可动部位变化规律，观察人体可动部位与人物动态、表情之间的关系，观察人体可动部位与外形变化的关系及服装之间的关系称为人物可动观察。

会动的耳朵不会"说话"

人物是我们平时观察的主体，人是最为复杂的对象，除了有可动多变的外表外，还有变幻难测的内心。人的任何动作幅度的大小、动作的有意或无意在我们眼中都会有感受。这些不同的动作都是由人体的各个可动部位运动产生的。你们看在座同学的坐姿各不相同，有两手撑着下巴的，有双手抱着头的，有身体左右倾斜的，有往后仰着的，也有脸朝着我眼睛看别处的，有身体朝我头朝另一边的。我的感受是有人听课听得入味，有人边听边思考，有人看上去听实际在开小差。

人的头部可动部位是产生表情和产生微妙感觉最为重要的地方。人的眼睛会动、眉毛会动、嘴巴会动、舌头牙齿会动、鼻子会动，有些人的耳朵也会动。

有位同学举手说，"我的耳朵会动"，并做了表演。在大家惊奇中，我提问："同学们动耳朵是什么意思？"学生答："不知道。"

动物中的兔子的耳朵长又大还会动，它的动是搜集四面八方的声音和信息，而人的耳朵、鼻子的动在"传达"上不起作用，它们动的幅度极小，与其他器官也不"配合"，人的头发虽然自身不会动（动时要借助外力才能起变化）但它在外在各种因素的促动下，会表现出不同的感觉。

人体的可动部位表现出来的各种内容与动作之间有一定的规律，如笑脸，嘴巴向下弯，眼睛就会向上弯。这些规律是我们观察的方向，这种训练有利于默写与创造新的形象。

有趣的人物形象与动态的关系

人物可动观察的方向

在视觉艺术中，舞蹈主要是运用人体运动变化来组织形象语言，舞蹈艺术家把人体的每个可动部位通过组织变化来传达生活中的各种情感。视觉艺术中的另一门类绘画艺术也同样是运用人的动态形象，化为视觉语言来传达人的情感。人的各种动态是由人的可动部位在运动中产生的，为此在观察中把生活中不同的动态形象如何由可动部位来体现作为研究课题是有一定意义的。

A 人体变化的一般规律

人体的可动部位有：头部、眼、嘴、眉毛、四肢、手、脚、胸部、臀部。在运动中，人体的各部位有其方向内容，有其自身的形状内容，因而人在运动中会产生各部位的方向组织及人的形态变化，这些变化又与看者的视角有关。用不同角度观察对象时，对象的外形、对象的形状及方向组织也会发生变化，种种变化中的动态形象形成丰富多彩的语言，传达了人各种各样的情感和意图。一种动态语言有时是由人体的所有可动部位来完成，有时是由少数或个别部位来完成。但一般来说可动部位相互间是联系的，只是个别部位在产生某种动态时作用大一些而已，为此可依据动态内容分头部、手部及全身三部分来观察和研究它们的变化。

人物可动与方向内容之间的联系

B 头部的变化规律

头部的可动部位是人的表情系统，是传达人的内心世界的关键。人的头部可动部位有一双眼睛、一对眉毛、一张嘴（包括舌头）。眼睛称为心灵的窗户，眼球可以上下左右活动，眼睑可睁大睁小直至闭上，双眼的眼球是同步运动，而眼睑可以单项运动。眉毛有眉头、眉梢两部分，一对眉毛运动时可以向中间靠拢，而眉头眉梢却只可上下移动。嘴是表现情感的主要器官，嘴角上下移动时，嘴唇的形状会向上或向下弯曲。头部本身可以上下左右转动。人的种种表情就是靠这些部位相互配合、相互作用的，尤其是各部位的方向变化使人的表情、神态、内在的情感都展现出来。

有趣的人物形象与动态的关系

手的动态变化

C 手部的变化规律

手是由手腕、手掌、手指等组成。手的变化手指最强烈,从食指到小指,每指有三个关节,拇指有两个关节,它们使手指在一定范围内弯曲变化,形成各种手的姿态。手在人脑的指挥下执行着工作、生活、娱乐等各种任务,不同的任务有不同的手姿。手是人的第二表情系统,它既能流露自身内在情感又能与他人交流情感。手又是感觉器官,不同触觉会有不同手的反映样式。手在生活、工作中形成的特定手势代表人的各种意图和含义,手又连接手腕、手臂,为此手在运动中形成的变化是无穷尽的。

D 全身运动的规律

人的全身可动部位除了上述的头部、手部外,还有四肢、脚、胸部、臀部。头部、胸部、臀部在美术术语中称谓"三大块",它们在颈、腰的作用下在一定的范围内左右上下变动。四肢、脚在各关节的作用下可弯曲、转动,变化运动的范围更大,从而形成各种动态。

E 人物动感的表现

任何动态都是人的内在反映,不同的动态形成不同的动态形象,每一种动态形象都表示某一种意思,在我们观察动态的过程中必须注意要有选择性地从一定的角度去捕捉能传达到位的正确的动态形象。生活中的动态形象转化成画面中的动态形象还有一个艺术处理过程,动态形象是一个运动中的形象,而画面中的形象则是有动感的不动形象,两者是有区别的。如何把动的感觉传达出来?

一是抓动势,动势有外形、重心、空间、方向等因素。

二是抓各部位方向组织,一般说各部位方向各异容易产生动感,如与动态方向不一致的局部运动,会使局部的动态显得很强烈。

三是抓住动态和人物脸部的神态与全身的姿态相结合,这样容易让人产生"动"的联想。

四是在人的运动过程中,服装也在产生各种变化,如图A到图B,运动中人物的披肩、腰带的扬起、垂落或略微飘动,变化中的服饰加上与人相组合的道具,

全身人物动态

它们都为动态形象起着强调和烘托作用。

人物动态有全身运动时各部位运动变化，也有处于静止时人体局部运动变化形成的各种动态，包括与脸部运动相配合所产生的神态及表情。

经验提示：人的可动部分在运动中除了形成动态变化外，同时形成各种形状与外形。它们除展示动态的内容外，还展示了形式内容。一个蹲着抱膝的动作与站立双手展开两种动态人物，人物造型不同，前一种是团、紧，后一种是放松、舒展。另外，还造成骨架线形象的不同，形成形式趣味。京剧中的兰花手指造型与特殊的身段动作的目的就在于强调造型的形式美。

艺术的处理过程还包含如何去看，直至选择怎样的一个形。一个动态的形状从不同的角度去看会产生不同的视觉形象，要用运动观察的方法去寻找与对象相吻合的感受及符合自己审美情趣的人物动态形象。

图A

全身人物动态

图B

有趣的人物形象与动态的关系

全身人物动态与画面的构成

人物动态形象与透视关系　　　　　　　　　　　手的动作与头部的变化形成形象

手的动作与头部的变化形成形象

人物头部的五官变化组织

人物可动观察练习

1. 仔细观察人体的各个可动部分在特定的某种情感内容中的运动变化。如：高兴、愤怒、悲伤等。用相机拍摄。

2. 观察某些情感内容是由哪些部分的可动部位通过运动组织出来的。用相机拍摄。

3. 观察某一内容人的可动部位运动方向对语言形成的作用。用相机拍摄。

4. 观察人物另一部分，服装与头发及其他的联动关系。4开纸1张。

5. 尝试任意组织人的可动部分，观其变化。4开纸1张。

6. 按某些情感内容组织可动部位，把内容表现出来。题目：（1）受惊；（2）思索；（3）捉蟋蟀。4开纸1张。

7. 观察人体动作形成的各种形状与外形，练习用人体的动作外形来构成画面，注意外形的节奏变化。4开纸1张。

8. 练习内容与动作形式相统一的画面。题目：（1）喜庆；（2）过年。4开纸1张。

全身人物动态与画面的构成关系

■ 学生作业：人物可动练习

五官的运动与表情的关系

手的动作与头部的变化形成形象

人物动态与沙发构成趣味

三、课题十一:拟人化观察

用投射的方法把眼前物象当"人"看,或与人体部位相对应地看,或从形状、功能近似人体某一器官来看,或从与人发生关系的程度来看,这些称为拟人化观察。

小狗变"囡囡"

在我家住的周围经常能看到那些遛狗的人与小狗有亲昵的动作,抚摸它、抱它,时而还不停地唤"囡囡",甚至亲吻它。有时主人还会给狗囡囡穿衣服、鞋子,在他(她)们眼里狗囡囡似人,感情很不一般。生活中有人把小狗小猫当人看待。其他有些东西人一旦与其有了某种情感色彩的关系,人们也会把它们"当人"看。记得前几年我父母搬家,有些破旧的家具舍不得丢弃,我知道那些东西是爷爷奶奶留下的,还有的是太爷爷太奶奶留下的,它们记录着过去的生活,同时也渗透着人的情感。

图A

拟人化观察的方向

A 与人体部位相对应

世界上那些与人为伴的静物因和人长时间地相处而吸收了"人气"变得"人化"了,那些东西就有了"头"和"脚"的称呼。如凳子,有"凳脚","凳背";热水瓶有"盖头"。当然这里的"头"、"脚"的实际意义是指物体的"上"、"下"方位。那么为什么不叫"凳下"、"凳后"、"盖上"呢?这就是人类在观察物体时的"拟人化"的反映。虽然对象不具备近似人的形象,但人类乐意把对象的部位与人体相对应部位联系起来,并用人体名称来命名,如杯子的"杯口",茶壶的"壶嘴"等,似乎这样人会和那些静物变得更亲切。在我们进行拟人化的过程中,因人的意念(把对象当人看——人的某种动态或情感)对象在眼中是"变了形"的,会朝人的意念方向发展变化,会越看越有感觉"像人"、"像人的某个动作或局部"。

图B

> 经验提示：在记录表现的过程中，笔下的"对象"必须作夸张，强调"迎合"，这样才能捕获和创造"拟人化"的形象。

B 另外几种拟人观察

拟人化观察就是把对象看成"人"，有以下几种看的方法：

一是从形状来对应着看：一般是指与人体某一部位相似，也有全身相似的物象。如佛手、人参果、手套、服装等。

二是从个体的"朝向"内容对应着看：人是立体的，有上下、左右、前后之分，脸朝前，背朝后，头顶向上，脚心向下。物体同样有朝向之分。

三是从群体的物象与物象之间的方向作用与人相对应地看：如图B是一张大椅子，周围是一圈面向椅子的小凳子。画面会让人感受到凳子似乎在听椅子讲故事，这种感觉是由物体的方向所造成的。物体有了"人化"的内容，它们相处就有了"情"有了"戏"。一组物体的方向集中于一点就会产生聚而紧，用拟人的眼光去看就有亲和力之感。如果一组物体各自的方向不一致，就会产生松散、分裂之感。

曾经养过蝈蝈的笼子

四是从物象的功能对应着看：如自来水龙头近似男性生殖器，同样有放水的功能，生活中人们早就在语言中用"水龙头"来幽默、文雅地代替生殖器传达有关信息。笔者曾看到过在一张医药广告中，用水龙头代替生殖器来传达药物治疗的对象。如果这则广告中的图形换成真实生殖器就不雅观了，它不符合人类文明要求。

C 拟人化中的联想

从静物与人发生关系的角度来看，那些与人有着密切关系的物象，它们身上处处留有人的痕迹，时常会激发人的联想——往事、往事中的人，很自然会被人"拟人化"。如：床是被人睡的，椅子是被人坐的，自行车是被人骑的，这类东西除了有"头"有"脚"外，似乎还会告诉人们它脏了要擦一擦；老了，受伤

笔者祖父曾用过的斧头

了，需要"动手术"了。一张爷爷的爷爷传下来的座椅，祖祖辈辈坐过来，它似乎又在告诉你它就是太爷爷的化身，你坐在其"身上"，别有一番滋味。

D 把动物"人化"或人"动物化"

人原本是动物进化而成，动物中的那些灵长类有许多习性和形体构造与人相似。绝大部分哺乳类动物虽与人类差异很大，但也有五官四肢，那些高级动物同样有情感的反映与表现，因此把动物看成"人"相对就容易了。而许多人的行为特征、性格特点、心理状态与许多动物也会"相类似"，如文字中的"人民的老黄牛"、"皮猴"、"胆小如鼠"等，算是人物拟动物化的一种延伸。

> 经验提示：同样把人看成某种植物，或把植物看成人，也属于拟人化和把人拟为其他"东西"的一种观察内容。

拟人化中的脸形组合

拟人化观察练习

1. 寻找生活中"人味"十足的物象，并把它记录下来。用相机拍摄。

2. 寻找与人的某局部相似或功能相似的物象，并记录下来。用相机拍摄。

3. 寻找与人或与自己相关的"东西"（注意人留下的痕迹），然后投入自己的情感，并作记录。4开纸1张。

4. 拟人化语言练习：把生活中一些用具作"演员"，导演出能传达情感的画面来。题目：（1）罢工；（2）狂欢节。4开纸2张。

拟人化中的脸形组合

拟人化中的联想作用

用衣服塑造人像练习

感受与语言 基础造型 2 形象语言中的组词组句

联想与拟人化

拟动物化

拟动物化

另一种拟人化

投射另一种物象的意

添加人物的局部产生拟人效果

投射另一种物象的意

投射另一种物象的意

拟人化中的联想作用

感受与语言 基础造型 2 形象语言中的组词组句

巧妙地组织拟人化

添加人物的局部产生拟人效果

巧妙地组织拟人化

巧妙地组织拟人化

添加人物的局部产生拟人效果

巧妙地添加人物的局部和相关道具产生拟人效果

119

《深山藏古寺》

四、课题十二:"大形象"观察与事物的组合观察

仔细观察一个内容形象的每一个局部形象,全面观察一个内容形象的各个方面,联系观察一个内容形象相关的内容,称为"大形象"观察。

观察生活中某个内容范围的常态组合变化与非常态变化组合,观察某个内容范围内典型形象的组合称为事物的组合观察。

深山藏古寺

"深山藏古寺"的典故出自画院史中的一段佳话,讲述了宋代画院考画家的故事。"深山藏古寺"是当时画院招考的一个考题。当时围绕这个考题,大多数画家画出了用树林或山峰遮挡古寺,只露出一角来点明考题——"深山藏古寺"的画面。唯有一位画家构思独特地画了一个和尚在山涧挑水,以此来反映深山里藏着古寺。这种别出心裁让众人惊讶!叫好声流传至今。请问:这位画家的画,好在哪里?

回答:与众不同。

对,还有什么?

回答:观察得好,思考得好,表现得也好!

就是要多问"还有什么",在读画的过程中、在观察的过程中去不断思、不断探索,往深处或横向去挖掘、去获取新的东西。

"大形象"观察的方向

A 耐心地多看

我看《深山藏古寺》中"和尚"实质是古寺的一部分,他与"寺庙一角"的不同之处在于他是寺庙的一个能"活动的局部",很容易忽视。由此我们应该悟出这样一个道理:某一个内容的对象是由各种局部内容组成或有许多个体组成,有些局部在整个对象的某个角落或躲在对象的里面,有些局部可以移动或自身能

用剖视表现隐藏

动，它们的方位会不停变化，时而显露又时而隐藏。因而，在观察的过程中要全面地看，细心地看，耐心地看全对象。

B 联系地细看

另外，要克服一个物体、一个物体孤立地看，就要养成互相联系地看的习惯。要把一个内容形象——由许多个体形象组合而成的一个内容形象一起看，及与周围有关联的、有影响的对象连在一起看，这就是所谓的"大形象"观察。大——就是指它的内容决定它的量大，再加上观察内容的外延就更大。如："篮球赛"中有参加比赛的运动员，还有裁判、观众等组成。再如：我们看一棵无叶的树，不仅看到了树的状态还看到了冬天，也就是看到了一个对象的各种意思。它们是有着"双关"、"多关"语言的形象。

与上课相关的内容

C 联想地不断地看

对象是丰富的，在我们观察某一个"内容形象"时，一定要围绕其仔细观察，一个不漏。就说我们现在上课，就有老师、学生、课桌椅、粉笔、粉笔擦、书包、文具用品。像我们上课教室还兼画室，上素描课还会有画架、石膏像、画板等。上课的样式也有变化，我是边画边教，同学们相互讨论又各自作画，还有时要走出课堂对景写生等。记得我做学生时画石膏像"维纳斯"，由于这尊像高大，搬运时可以把它拆卸成三个部分，当时是五位同学把它搬进教室的，我抱头，另四位分别搬身段和下肢，这种上课前的准备工作非常有意思。上课的内容还有很多……

D 全面地看一个不漏

所谓"全面看"就是全方位地看。再以教室上课为例，你可以从教室门口往里看上课，也可以转到窗外向里看上课，还可以爬上电扇往下看，再可以躺在地上看。看——可从不同的角度、方位，左看、右看、上看、下看、里看、外看、近看、远看。

下面建议大家从不同的角度去看不同感受的上课。注意！所谓"联系地看"就是把相关内容不管"远与近"都联系起来看。铃声、迟到的学生、教务处的监

与上课相关的内容

督老师等等，把相关的内容都看在自己的眼中并存在大脑里，目的是捕捉到生动的语言，为别出心裁地去表现某个内容打下基础。

校园生活

与上课相关的内容

校园生活

"大形象"观察练习

题目："校园足球赛"、"我们的宿舍"、"我的同学"

要求：1. 选其中一题，画面8开纸。

2. 画前要进行观察记录，收集形象素材。

3. 构思要反复推敲，并把构思形象化，其中构思的草图是作业的一部分。

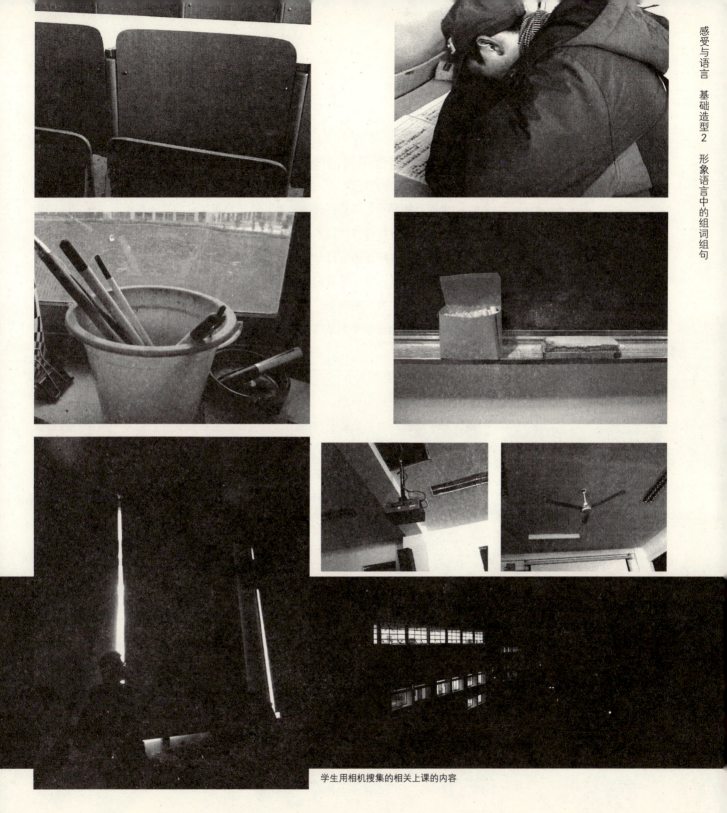

感受与语言 基础造型 2 形象语言中的组词组句

学生用相机搜集的相关上课的内容

生病内容的组合

民间捉牙虫的画面组合

家庭亲情的内容组合

事物的组合观察方向

A 观察组合的规律

世间万物都不是孤立存在的，某些物与物因某种特殊关系相互在一定的空间范围内发生着各种各样的关系。各种各样的关系之间在运动中形成了自己的变化规律，但由于种种原因会打破常规反其规律。这些规律与反规律的变化，产生了丰富而又新鲜的内容，是我们创作新的艺术形象之取之不尽的源泉。事物种种变化内容就发生在我们的身边，只要有心就会发现。"事物的组合观察"就是观察彼事物与此事物在某种关系里的组合规律及反规律的现象，然后去捕捉那些有意味的视觉形象。

B 内容组合的大小

事物本身不是单一的，是由各局部组成的，局部的多与少造成事物简单与复杂，每个局部都有其功能及外形，它们也会发生各种变化。但单一事物的内容仅是个体的，一个物体与另一个物体或两个以上物体发生关系，相互组合，这种群体变化是丰富多彩的。一般来说，事物的组合都以某一个内容来限定范围及组合的量，不同的内容会造成范围的大小和量的多少。如：学校、教室、家、学生、书包、铅笔就有范围的大小。这样我们在观察事物的组合时可以依据内容来观察内容范围之中的组合变化。

C 发现非常态组合

事物的变化包含两个部分：一是常态变化（规律），二是非常态的变化（反规律）。非常态的内容是在特殊的内外因素促使下产生的，不是随时发生的，有些是微妙的，需要时间条件及耐心与细心地观察。发现非常态现象不是"千年等一回"，生活中常有非常态的内容出现。如餐桌，一般用来吃饭、喝茶，按照吃饭、喝茶的内容发生着事物的组合变化，其一般不会超出范围，就本人生活中也是如此。但有一回我却与女儿用餐桌来打乒乓，这种我、女儿、乒乓球、乒乓球拍、餐桌的组合，就是非常态的。这与我和女儿在乒乓桌上打乒乓相比，感觉是不一样的。还有一回我站在餐桌上装灯……把这些非常态的组合化为形象语言，传达的内容意味也就不一样。

D 范围的变化与着眼点

有时我们看事物的范围是不确定的，横扫过去似先看无数物的组合，后感觉到某个内容或一个新奇的内容，这种状况一般是在无意中进行的，与眼睛的着眼点和对象吸引力有关。当我们感到有意思的内容时，还需依据内容来扩大或缩小它们的范围。如画恋爱的内容，是亲昵的动作还是花前月下，范围就可大可小。事物在组合过程中，有各种因素造成内容的不同来吸引我们视线，让眼睛有着落点。如物的朝向、功能，动物的各种示意动作等等。

E 人与物的组合

人作为一个物体来讲，是最复杂最丰富的东西，他与某物或与另一人组合时会产生各种不同的内容。如人不同的局部有其功能、含义，动作也有其功能、含义，也就是说人的局部与什么发生关系，人的动作与什么发生关系，内容也会相应地发生变化。另外，两个局部以上发生关系，变化就更复杂。如：表示友好的握手，原本由手与笑脸完成的友好动作，以非常态出现——朝天看的双眼（傲慢）与咬牙切齿（不情愿），这种组合让"握手"变得复杂甚至于相反，给人的感受变了一个样。

F 典型的组合

典型是指具有代表性的人物与事件，它们的表现明确易识别。即用概括的手段，表现出人的某种社会特征，又具有鲜明的个性。具体又分典型人物、典型道具、典型环境。

生活中许多有趣的、有意思的组合形象，观察这些"组合"——这些内容的"东西"时，不能仅停留在简单的"说明"上，必须在时间的条件下观察对象动态过程中的变化，去捕捉最有趣味的组合中典型的形象。因为绘画是瞬间艺术，只有抓住典型的"组合"内容才会变得生动、有说服力。

群体组合

个体中局部组织

经验提示：在我们看内容的组合时，还须看到内容背后的形式内容，也就是从绘画自身艺术语言的规律角度出发，绘画的形式语言除了美的独立性外，它是为内容服务的，要看到与内容相一致的形、色、质、点线面、明暗调子的构成等等。当我们把握了画面的生动感人是由内容和形式内容的组织——艺术的组织产生时，我们就不能仅停留在观察生活、从生活中获取形象上，还应进一步想象生活，按自己的想象力来组织高于生活的内容。这想象虽然与观察是两码事，但它们之间是有联系的，它对于后期的创作将起一定的作用。

组合中的方向内容

观察生活中的事物组合

观察生活中的事物组合

事物的组合观察练习

1. 观察单个事物局部不同变化的组合。如：水仙花、小猫、同学。4开纸1张。
2. 观察以某个内容为范围的事物组合。如：上课、下课、打篮球。4开纸1张。
3. 观察同一内容事物的常态变化规律。4开纸1张。
4. 观察一些事物组合中反常态的内容。4开纸1张
5. 观察事物的矛盾组合。4开纸1张。
6. 观察事物某种内容的组合过程，从中捕捉典型的片段。题目：（1）生病；（2）找东西。4开纸2张。
7. 观察事物组合中的形式趣味。如：雨中的伞和人的组合。4开纸1张。
8. 参照童话书中的内容，凭自己的生活积累与想象力来组合一幅有童话色彩的画面。4开纸1张。

反映寝室内容的组合练习

反映寝室内容的组合练习

校园生活观察记录

■ 学生作业:
   事物的组合观察

反映寝室内容的组合练习

反映寝室内容的组合练习　　　　　　反映寝室内容的组合练习

感受与语言 基础造型 2 形象语言中的组词组句

反映寝室内容的组合练习　　　　　　　　　　　反映学生学习的四种组合

反映寝室内容的组合练习　　　　　　　　　　　校园生活观察记录